馮自由著

中華民國開國前革命史

下編

陳少白署

民國滬上初版書·復制版

中華民國開國前革命史

中編

馮自由 著

上海三聯書店

中華民國開國前革命史

章炳麟署

創業維艱

民國十七年夏

張繼

張繼之章

本書中編大意

一本書原分上下二編。嗣以下編字數太多。卷帙過厚。故將下編分爲中下二册。分二次出版。

一本書大體脫稿已久。以尚須向參與諸役各老友徵求材料。藉資攷證。往往因一二事實或地方年月日小故。稽延時日。加以著者數年來忙于商業。無暇執筆。僅能于持籌握算之餘。稍事文字生活。近年所接海內外同志催促全書出版之函。不下千數。尚祈諒之。

一本書所載光復會及丁未安慶紹興二役紀事。多取材于戊申年陶君成章所著浙案紀略。此文初登諸緬甸仰光光華日報。繼復轉載于新加坡中興日報。兩報皆同盟會機關報也。陶君爲光復會主要人物。所述自較他人爲特詳。著者不敢掠美。

一沈鈞業君爲徐錫麟君高足。亦安慶黨案極有關係之人物。嘗語著者。謂其家實藏徐君遺稿至夥。足供史料之助。允于歸鄉時檢出見寄。惟著者候之經年。迄無消息。他日如承沈君見寄時。容于下編補述之。

一近人著中國國民黨史稿所載丁未七月汕尾運械事件。謂「萱野運械失敗遂運往台灣寄存後由二辰丸運往香山是爲二辰丸之交涉案」云云。殊屬失實。此役爲著者躬親參與。所有香港匯款派人各事皆曾一手經理。故知之最詳。當日運載革命黨軍械失敗之日輪幸運丸歸抵長崎。卽受日政府嚴重監視。所載軍械亦被扣押。二辰丸軍械查係澳門奸商柯某私運營利之物。與革命黨實風馬牛不相及。不可不辯。又是役在汕尾担任用帆船接械者爲許雪秋君。史稿誤作鄧慕韓君。亦宜更正。

一辛亥八月防城一役。革命軍進至靈山卽失敗解散。並未到達廣西境界。丁未九月二日孫中山君致南洋同志函。（見近人所編總理全集第三集一一五頁）有八月初五六兩日連破橫州永淳兩縣等語。實屬傳聞之誤。蓋當時最初揭載此項消息者爲上海各報專電。香港中國日報卽據爲宣傳資料。及後始知爲絕非事實。此係著者在中國日報編輯任內之事。應負責更正。以符史義。

一查乙未廣州一役捐助巨款者。尙有香港富商余育之君。時國人視謀反作亂甚于蛇蝎。而余君獨能醵貲萬數千元。尤屬難能可貴。當時掌理興中會財政者爲楊衢雲君。後人以余君義捐非孫中山君經手。遂未爲之表彰。殊欠公允。余君破產已二十餘年。現充上海冠生園招待員。世人誰復知此老爲三十年前富甲香港之革命黨老前輩耶。近人言黨統者多持門戶之戶。甚或數典忘祖。以曾出大力之興中會員如余君者。尙且湮沒無聞。則慨助徐錫麟君以巨貲之許仲卿君。更無論矣。此種褊狹之見解。著者殊不敢從同。容俟本書上編修訂時。

更補叙余君醵款事。以彰義舉。

一孫中山君于乙巳同盟會成立後。是年冬曾遊歐洲一次。至丙午三月始由法國馬賽港首途東歸。有陳楚楠君所藏著者致南洋同志書可證。（見本書中編第三十九章第二七頁）本書上編漏載此事。容後補叙。

一本書中編卷首所載各種銅版。如黃克強君三月廿九出險後左手寫報告書。及黃花岡一役美洲華僑捐餉收據等件。原應印載下編。以下編應刊銅版材料過多。故移載中編。

一書中所載各銅版原函。黃克強君之左手寫報告書係謝良牧君所藏。黃花岡一役美洲華僑孫款收據二件。一係域多利致公堂所藏。一係著者所藏。秦力山君致南洋同志函二件。及孫中山君致南洋同志函三件。香港同盟會致南洋同志函三件。係陳楚楠林義順二君所藏。黃克強趙聲二君致謝逸橋謝良牧二君函三件係謝良牧君所藏。汪精衛君北上前留別孫中山君書係著者所藏。

中華民國開國前革命史中編圖像目錄

圖像目錄

中華民國開國前革命史中編目錄

徐錫麟肖像

秋瑾肖像

許雪秋肖像

倪映典肖像

秦力山致陳楚楠書之二

丁未四月潮州黃岡革命軍誓師討滿攝影

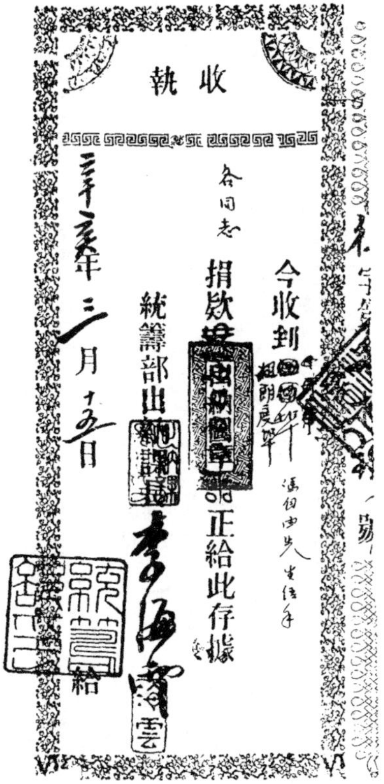

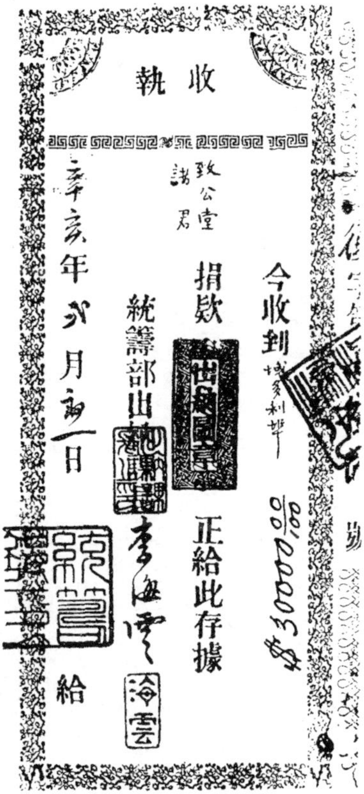

辛亥三月二十九革命軍統籌部華僑捐款收據

(一)域多利致公堂捐款三萬元收據

(二)杜朗度致公堂捐款一萬元收據

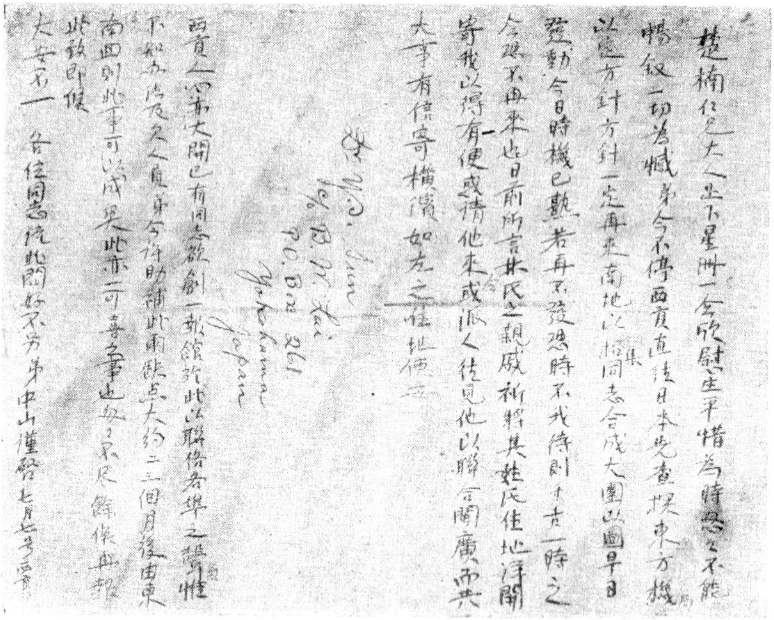
楚楠仁兄大人足下：星洲一会，欣慰生平，惜為時忽忽，不能
暢叙一切為憾。弟今不停西貢，直往日本，先查探東方機
以定方針。方針一定，再來南地，以聯同志，合成大團，以圖早日
發動。今日時機已熟，若再不發，恐時不我待，則千古一時之
會將不再來也。日前所言林氏之親戚，祈將其姓氏住地詳開
寄我，以得有便或請他來，或派人往見他，以聯合閩廣兩共
大事。有信寄橫濱如左之住地便妥。
西貢人心亦大開，已有同志欲創一報館於此，以聯絡各界之華僑，惟
不知成否。又同志中今許助補此兩欵，大約二三個月後由東
南回，則此事可以成矣。此亦一可喜之事也。兹不盡，餘俟再報。
此致，即候
大安。弟一 各位同志統此問好，不另。弟中山謹啟 七月廿五号西貢

孫中山致陳楚楠書之一

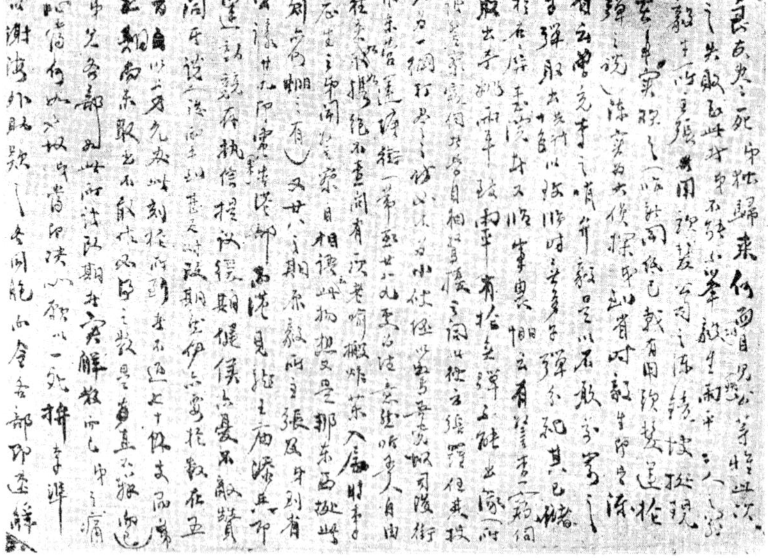

辛亥三月二十九黃克強出險後左手寫報告書之二

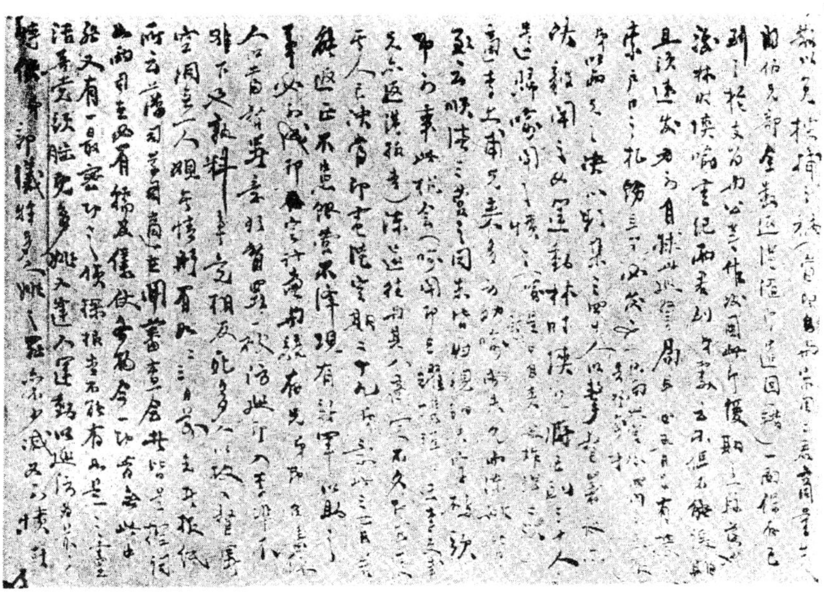

辛亥三月二十九黃克強出險後左手寫報告書之三

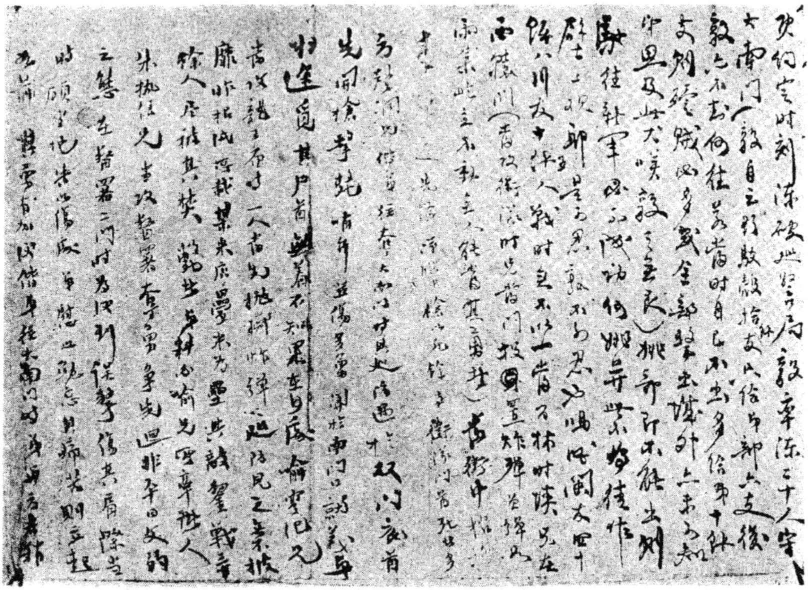

辛亥三月二十九黃克強出險後左手寫報告書之四

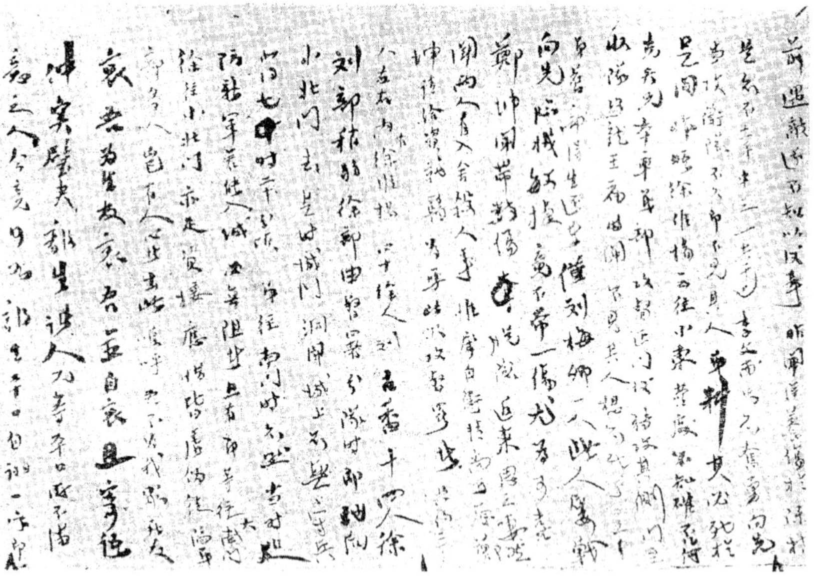

辛亥三月二十九黄克强出险後左手寫報告書之五

辛亥三月二十九黄克强出險後左手寫報告書之六

中華民國開國前革命史中編

馮自由著

第三十四章　浙江志士與革命運動

文學鼓吹與會黨運動　孫翼中與罪辮文案　蘇報與萃新報案　敖嘉熊與新山歌案　曹阿狗與猛回頭案　會黨之派別及源流　癸甲兩年之會黨運動　組織溫台處會館之計畫　甲辰起事計畫之頓挫　丙午杭州之查拿黨人　大通學校之繼起　丁未各地義師之失敗　戊申後黨人之活動　張恭之獄

文學鼓吹與會黨運動　甲午中日戰後。浙江風氣大開。杭城諸士子日受外來思潮所刺激。漸知以辦學設報為務。自餘杭章炳麟迭主時務昌言亞東各報筆政。省中士紳以章氏邃于國學。多為感動。由是提倡設立學校研究中西科學者。頗不乏人。庚子拳禍既息。浙人以官私費赴日本留學者。相望于道。時支那亡國紀念會青年會軍國民教育會諸愛國團體繽紛並起。留學界主張革命者日見其盛。湖北湖南江蘇數省學生各用本省名義發刊雜誌。咸以民族主義相號召。同時浙籍學生孫翼中王嘉榘蔣智由陳榥蔣方震等亦有浙江潮月刊之組織。持論激昂。不讓他省。而主持上海愛國學校者復多浙人。及章氏駁康有爲政見書出。蘇報案隨之。革命言論轟動一世。民族思潮亦大澎漲于浙省各府縣。言新學者遂多傾向革命一途。癸卯壬寅之間。尤爲特盛。是時革命志士已漸由言論而趨于事實。孫翼中龔寶銓陶成章張恭敖嘉熊魏蘭徐錫麟秋瑾諸人以浙省會黨林立。大可爲軍事進行之助。遂深入內地。從事聯絡。雖其時會黨派別繁多。且各立門戶。不相統屬。而源流皆出洪門。咸具反清復漢思想。嗣經諸志士勉以大義。莫不翕然從風。願作革命軍馬前卒。自是各屬會黨咸勃勃思動。自辛丑白布會濮振聲之鬧教。以迄戊申梟黨余孟廷之發難。浙省會黨揭竿起事者。時有所聞。卽諸志士奔走鼓吹之力也。故言浙省革命事業。可分爲文字鼓吹及會黨運動之二途徑。茲分別述之。

孫翼中與罪辮文案　清季浙省文字獄。以求是書院之罪辮文案爲最早。求是書院創于辛丑年。乃杭城士紳所倡建。院中國民第四班教員孫翼中。字耦耕。別號江東。杭縣人。生平主張排滿最力。暑假時四五兩班學生合組一作文會。翼中出一題。名曰罪辮文。內有一篇中有本朝字樣。有一學生史某改爲賊清。翼中不置可否。事聞于劣紳勞乃宣及駐防旗滿學生中權瓜爾佳金梁諸人。金梁乃進稟浙撫。控告教員孫翼中陳漢第輕蔑朝廷。浙撫下令查究。漢第乃用反攻計。謂旗人出稟撫院。有干例禁。且又無憑據。妄陷多人。理當反坐。浙撫以事關旗人。乃與將軍商議。將軍以金梁妄違例禁。遂薄懲之。事遂止。此案結後。翼中雖得無事。然不能居杭。乃就紹紳陶濬宣之聘。主講席于東湖通藝學校。革命思潮因之以傳入紹興。未幾偕友數人留學日本。値青年會組織伊始。高樹民族主義之標幟。翼中以同鄉王嘉榘之介紹。入爲會員。旋與蔣智由王嘉榘蔣方震諸人發刊浙江潮雜誌。風行一時。癸卯夏返國。主持杭州白話報事。益爲清吏所忌。丁未誣以他故。欲繫之於獄。踉蹌逃走得免。

蘇報與萃新報案

蘇報案事起。章炳麟入獄。章之文章學問素爲浙人所崇拜。故此案之風潮影響于青年思想。至巨且速。金華志士張恭劉琨盛俊等亦倡辦一旬報。以開通民智爲務。名曰萃新報。嚴州知府錫綸。滿洲人也。以該報譏刺時政。乃進稟浙撫。謂該報出語狂悖。請封禁以正士習。浙撫下令封禁該報。張恭等事前得杭城同志報告。預將該報門面改易。得免于難。恭字伯謙。別號同伯。曾應試中癸卯舉人。少有志革命。恒以聯絡會黨爲職志。特投身終南會爲會友。尋在會中漸得勢力。乃與同志沈榮卿周華昌等另創一山堂。定名曰龍華會。其後革命黨人聯絡會黨。成效日著。張恭之力爲多焉。

敖嘉熊與新山歌案　諸志士鼓吹革命之方法。在乎多運革命排滿書籍散佈內地。文言與白話並進。文言體則有駁康有爲政見書訄書革命軍湖北學生界新廣東新湖南浙江潮江蘇等。白話體則有猛回頭警世鐘黑龍江新山歌孔夫子之心肝等。新山歌爲敖嘉熊所編。嘉熊字夢姜。一字咸愚。平湖人。少負奇氣。戊戌政變後以時局日危。與王嘉榘蔣方震等十餘人倡一時事研究會。名浙會。庚子拳禍起。國勢岌岌。嘉熊自平湖遷嘉興。以改良農業振興教育爲己任。遂與唐成卿祝心如諸人創辦學稼公社及竹林小學校。壬寅始著手于革命運動。癸卯正月至上海入愛國學社。極爲諸同志推重。愛國學社解散後。嘉熊歸嘉興。倡設演說教育二會。暗鼓吹革命。復用白話文體編著新山歌一書。爲運動下級社會之需。士商會黨多爲感化。丙午四月嘉熊友陳夢熊組織明強女學校于樂清縣。夢熊亦革命黨人。因在校演說革命。幷散佈新山歌。爲劣紳胡倬章指控于知縣。謂夢熊乃哥老會匪。在嘉興與敖姓結黨謀亂。事敗逃歸。在女學校布散邪說。即以新山歌爲證。何令遂派差弁往拿夢熊。而夢熊已聞風避去。此案牽連及于嘉熊。藩司寶芬溫州知府錫綸均滿人。更欲因之以興大獄。夢熊在日本聞之。恐累及嘉熊及他友。自到杭城投案。適寶芬調任山西藩司。溫州著紳孫詒讓等爲夢熊力保。嘉興著紳陶葆廉等亦爲嘉熊剖白。巡撫張曾敭探知胡倬章平日聲明惡劣。因坐倬章以誣告之罪。革去職員。何令亦撤任。此案起于丙午四月。至丁未三月始結。

曹阿狗與猛回頭案　革命書籍之散佈內地者。以陳天華所著猛回頭爲最盛。外間輸入不足。內地亦往往有自行翻刊私相分送者。甲辰後農工平民亦多心醉革命眞理。丙午六月有金華人曹阿狗者。素性任俠。聞革命之說而悅之。求入龍華會爲會員。副會主張恭與以猛回頭一册。亞狗得之。諷誦不輟。因到各處演說。爲仇家所聞。控之于金華縣。縣令某不欲深咎。知府滿人嵩連聞之。索阿狗于縣署。親自提訊。欲窮其源。以絕根株。嚴刑榜掠。體無完膚。阿狗不屈。嵩連無法。乃僅殺阿狗以結此案。復廣出告示。嚴禁逆書猛回頭。閱者殺不赦。以阿狗爲例。因而索觀此逆書之人益衆。鄉人多輾轉向上海購閱云。

會黨之派別及源流　浙江祕密會黨之盛。不讓閩粵湘鄂諸省。而其派別名色之多。則又過之。溯其源流。遠在淸初。當康熙初葉及中葉之時。浙東沿海義師抗拒最烈。張煌言歿後。有一念和尙者。明之遺民也。別名張念一。嘗創設一祕密會。謀反淸復明。以浙東之大嵐山爲根據地。更聯絡浙西之天目山。江西鄱陽湖之戈陳。江蘇太湖之鹽梟。其勢力所及遠達于山東曹袞二府。授太倉王某爲兵備副使。奉朱三太子爲元帥。不幸突遭破敗。齎志以沒。顧其部將仍以繼承先志爲務。二百年來。日在浙省各府縣組織勢力。潛滋暗長。派別繁多。惟宗旨漸晦。鮮有遠大之計畫以企圖恢復者。及太平天國之師入浙。黨人反清復明之思想因而復活。自後揭竿起事。高唱排滿者。時有所聞。然各分門別戶。不相團結。故旋起旋仆。成效不著。至戊戌庚子二次變亂之後。遂有革命志士乘時奮興。日以聯絡會黨爲事。由是諸會黨乃漸浸染民族民權兩種思想。而滿清末祚從此多事矣。今略舉諸會黨之名色派別及歷史如下。

(一)終南會　終南會亦名終南山。由湖南傳入江西。由江西傳入浙江衢州與福建建甯。其勢力最盛。庚子衢州起事之劉家福。卽會中之第三級職員也。凡萬雲龍華伏虎玉泉關帝諸會咸爲其分系流派也。

(二)雙龍會　雙龍本名萬雲會。亦曰萬雲山。其所以稱雙龍者。因票布上畫有二龍故。其本部在處州。會主爲一拳教師。名曰王金寶。青田人。甲辰十月金寶死難。其師弟吳應龍麗水人代統其衆。

(三)白布會　當太平天國興兵時。溫州平陽人蔡某謀反清獨立倡建一會。名曰金錢會。瑞安大紳孫衣言亦隱具獨立思想。以倡辦團練爲名。又組織一祕密會。名曰白布會。後以清將左宗棠佔領杭城。衣言知時機已去。乃解散其會。嚴禁屬下不許在溫州傳佈。於是其屬下隱改其傳佈之方向。流而入于嚴處二府。壬寅年間起事失敗之濮振聲。即此會首領。

(四)伏虎會　此會爲終南會之別支。亦曰伏虎山。總部設于台州。會首曰王錫彤。爲甯海縣附生。初以排外爲宗旨。於庚子辛丑之際屢鬧教案。淸吏曾懸賞至八千金捕之。癸卯以後受革命黨人之陶鎔。乃易排外而爲排滿。尙有別部在甯波奉化。由其友楊某主持之。甲辰冬附入于龍華會爲其分部。

(五)龍華會　龍華會亦稱龍華山。其本部設于金華。爲終南會之別支。先是終南會正會主曰何步鴻。副會主曰朱武。本湘勇營官。以罷職而寄寓金華者。永康沈榮卿與金華張恭縉雲周華昌皆入其會。庚子春恭與其友蘭溪蔣樂山至杭州讀書于紫陽書院。適唐才常之弟才中自湖南來。與恭及樂山相遇。因以富有票授之。二人受票歸。將放行。而漢口之變聞。遂置富有票不發。仍理終南舊業。其後步鴻卒于永康。朱武亦離浙江。於是榮卿與恭華昌等遂自開一山堂。定名曰龍華會。先是金華有謠曰。若要天下眞太平。除非龍華會上人。三人之以龍華名其會。實欲以應謠也。榮卿爲正會主。恭與華昌爲副會主。金華八縣咸有分部。命紅旗管理其事。用五言四八句爲字號次第。而以中間一字爲總紅旗。督理一縣黨軍事宜。餘四字分作東南西北四區爲散紅旗。分頭理事。如另有事故。則特派親信幹員以統理數縣事宜。事平則去之。黨徒號稱五萬人。實則三萬數千人。其別部之在台州者。仙居則有應師傑。天台則有陸顯元。均各領有五六百人。號稱精鋭。在處州縉雲則有呂嘉益。徒屬凡三千餘人。其他紹興之諸暨嵊縣青田溫州等縣亦有分部。但其勢力甚微。不能自樹一幟也。會中規例。若有別部山堂來歸附者。均以藩屬之禮遇之。不直接統轄。其黨自壬寅後屢起風潮。屹然不動。秋瑾之所恃以爲大本營者卽此會。及丁未五月紹興之敗。遂成一不可收拾之局矣。

(六)平陽黨　平陽黨本名平洋黨。其黨魁曰竺紹康。竺字酌仙。爲嵊縣文生。因與本地土豪蔡老虎有殺父仇。特組織此會以圖報復。其本部在紹興嵊縣。徒屬之數號稱萬人。其別支主任者曰王金發。王字季高。亦嵊縣武生。乃紹康友。在日本大森體育會卒業歸鄉後。謀創辦團練。以圖起革命軍者也。

(七)私販黨　以上各黨均出自天地會。號稱洪門。又曰洪家。亦稱洪幇。俗訛作紅幇。此外另有一派私販在蘇松常太甯廣鎮杭嘉湖之間。卽所謂鹽梟也。其一切組織法及口號暗號咸與洪門異。號稱潘門。亦曰潘家。又別稱慶幇。俗訛作青幇。蓋由其渠魁潘慶得名。內分三派。一曰主幇。係浙東溫台人。一曰客幇。係皖北江北人。又別號巢湖幇。以別于溫台幇。凡江南皖南浙西之流氓光蛋咸屬此流派。丁未之冬。戊申之春。與清兵相角逐之余孟庭夏竹林等。皆此私販黨也。潘慶本爲販買私鹽之首。其源亦出洪門。因與專捕私鹽之哥老會徒湘勇立于反對地位。故別樹一幟。然猶未盡忘其木本水源之意。故凡潘門兄弟遇見洪門兄弟。其開口語必曰。潘洪原是一家云。

陶成章

癸甲兩年之會黨運動　革命志士之著手會黨運動。始于癸卯甲辰二年。而運動之主要人物。則有孫翼中龔寶銓陶成章敖嘉熊魏蘭數人。成章其最著者也。成章字煥卿。會稽人。素志中央革命。庚子入滿洲。壬寅居北京。屢謀入陸軍學校。以鼓舞軍界。均不獲如願。乃轉而從事于會黨運動。癸卯歸浙江。赴台州訪伏虎會首王錫彤不遇。冬十二月魏蘭歸自日本。蘭字石山。雲和人。亦有志于光復事。由平陽人陳蔚業介紹與成章結識。遂聯袂至杭州。寓于下城頭白話報館、是時主白話報筆政者卽爲孫翼中。與監禁在仁和縣署之白布會首領濮振聲素有交誼。陶魏由翼中介紹往見振聲。相談頗洽。振聲爲成章出介紹函數通、名片數十紙。謂之曰。持予名片至新城臨安富陽於潛昌化分水桐廬等處。沿途均有照料。此癸卯十二月二十九日事也。翌年甲辰正月。成章蘭歷遊富陽桐廬分水建德壽昌湯溪龍游遂昌松陽各地。以至雲和。詳探各種祕密社會之內狀。且遍謁白布會諸頭目。蘭至家倡辦先志學校　聘成章爲教員　成章居雲和兩月。遂與蘭之堂姪毓祥及其友闕石原由麗水青田至溫州府城。先是龔寶銓偕其友陳大齊亦至溫州活動。寓于平陽古鰲頭之小城學校。旣與成章遇。遂相偕至上海　旋赴嘉興訪敖嘉熊。陶敖締交亦卽在此時。魏蘭于成章去後。赴處州府城運動吳應龍。偕應龍至北鄉訪雙龍會首王金寶。並在府城遇縉雲人丁鑅。得聞龍華會沈榮卿周華昌等之義俠。遂偕鑅至縉雲縣城聯結李造鍾等　旋復結伴至壺鎭拜訪呂熊祥呂嘉益等。所到之區。蘭皆演說人種之分民族之說。聽者莫不感動、熊祥字逢原。別號東升。其家開一小雜店。名呂萬盛、性好交遊。熟識祕密社會情形。其族姪嘉益尤喜抑強扶弱。與永康沈榮卿武義周華昌爲莫逆交。蘭因加益之介紹。遂赴永康得交于沈榮卿而返。秋八月。蘭偕其姪毓祥赴上海。道經處州府城。遇陳夢熊馮豹。陳馮亦受敖嘉熊托至處有所活動。於是同會集於沈榮卿家。榮卿名樂年。一名瑛。榮卿其字也。其徒屬尊之曰榮哥。清吏誤哥作古。遂卽以榮古之名行文通緝也。榮卿爲本地富戶。納粟入監。喜交結。其始結有百子會。後入終南會。遞升至會副。後與友張恭周華昌另開一山堂。名曰龍華會，勢力日盛。而家道亦漸中落。其人性情豪邁。能得士心。有心腹曰呂阿榮。其在東陽諸縣事宜。則以陳魁蔡趙永景任之。其在武義諸縣事宜。則以周華昌等任之。華昌外號金海。仗義疏財。深爲會友愛戴。所辦會務。條理整然。榮卿尙有一重要機關所曰胡鹿笙雜貨店。魏蘭既納交于榮卿。更由榮卿介紹入金華見張恭于永慶班中。恭初設千人會。後入終南會。復與榮卿華昌共發起龍華會。其信用之人。則有吳琳謙劉永昌徐順達。而以順達爲最。恭之機關所有二。曰金阿狗茶店。曰永慶戲班。未幾蘭等邀恭共至杭城。再由杭趨嘉。以訪龔寶銓。因與敖嘉熊相識。尋至上海招成章。時成章方在溫州。聞信過上海。共商金衢嚴處溫台六府會黨聯合大舉之策。自是六府會黨咸磐馬彎弓待時而動矣。

組織溫台處會館之計畫　癸卯上海愛國學社解散後。敖嘉熊歸嘉興。尋赴溫州。歷台州甯波以歸。謀握地方上財兵二權。以次組成獨立之軍。且以交通浙東西之各祕密會黨。遂有溫台處會館之設立。先是浙東溫台處三府主客鄉民。因納糧置產事。屢起事端。清吏復以客民為可欺。橫徵暴斂。無所不至。嘉熊以諸府田地。客民殆居半數。而溫臺之人又素以強悍著名。欲因是以倡辦團練。設計握地方上兵權。統其事于溫台處會館。復可由溫台處會館出面。為客民代輸租稅。客民畏官吏侵陵。必樂歸賦稅于會館。使為代納。則又可因是以漸握地方上財權。一旦有事。即用所辦團練以衛鄉里。而以所收入賦稅充兵餉。是不煩一甲。不費一文。安坐而致獨立之形勢也。設謀既定。遂以甯輯主客鄉民及安置客民使無失所之詞。遊說清吏及溫臺處紳董。官紳咸贊成其議。嘉熊因使溫台處紳董連名具禀清吏為會館立案。已為先出資以助成之。方集議時。陶成章自上海訪龔寶銓。寶銓引之見嘉熊。因與籌商浙江獨立軍事。意見相同。僉謂浙江非可自守地。欲在浙舉義。非先注意南京不可。而安徽又居南京上游。上接兩湖。下通江浙。又不可不先有以佈置之。於是嘉熊又欲於嘉興溫台處會館成立後。再設立分會館三處。一建于松江。而以蘇州松江常州太倉之祕密黨會附入焉。一建于湖州。而以甯國廣德嚴州衢州之祕密黨會附入焉。一建于杭州。而以于潛昌化新城臨安之祕密黨會附入焉。復擬以別策招致鎮江梟黨。以窺南京。右翼集廣德甯國洪軍以窺南京。左翼更用衢處之祕密軍隊。預備出江西以上隔兩湖。屆時義旗一指。四省感應。則南京勢成孤注矣。又用暗殺以擾亂之。是可不戰而降焉。溫台處會館發議為甲辰六月。其成立則在是年九十月間。所有執事人員皆聘同志任之。推魏蘭爲總理。毓祥丁鑅陶成章呂熊祥趙卓陳乃新魏毓畬魏仲麟馮豹陳夢熊等爲執事員。名爲溫台處會館。實則一純粹之革命機關部也。嘉熊思欲團結人心莫若宗教。乃更立一祖宗教。作福書禱詞及各種秘密暗號。爲瑞安人沈梧齋藉端挾制。魏蘭出爲調解。馮豹以劍劫梧齋而取其憑據。事乃已。其後梧齋自往湖州放票。爲清吏所掩執。供詞連嘉熊。清吏不欲深究。僅收禁梧齋友于獄而罷。乙巳四月。嘉熊迭遭家難。商業亦復虧折。溫台處會館因之不能維持。乃盡出其妻簪珥等物以濟之。復無濟于事。於是辦事諸人逐漸走散。豹夢熊歸鄉。魏蘭赴爪哇。成章寶銓熊祥諸人入紹興。助徐錫麟設立大通學校。而溫台處會館 事業遂空。丙午二月。夢熊新山歌案發。事連嘉熊。賴著紳陶葆廉力救。得泯其事。丁未五六月安慶紹興二案先後發。清吏咸注目嘉熊。倖不連及。浙路借款風潮起。嘉熊以聲望見推爲商會理案董事。惟以歷年奔走革命及辦理社會事業。素爲清吏及劣紳所忌。屢謀傾陷之。不得。乃改用暗殺之計。戊申二月初九日。嘉熊以事晚出不歸。十六日其屍見于嘉興府城北烏橋港。年僅三十五。嘉熊死而浙西江南一帶之革命事業爲之大受打擊。其友瑞安人徐象鏞竟仰藥以殉。

甲辰起事計畫之頓挫　甲辰 秋湖南黃軫劉揆一楊守仁等謀在長沙起事。期爲十月初十日。

預告蔡元培。欲浙江協約共起。元培以告陶成章。成章即偕魏蘭魏鏡祥等赴嘉興晤龔寶銓范拱薇等商進行方略。議既定。復至杭州。趨蘭溪。入金華佈置一切。擬後長沙期約三日起事。先以計襲取金衢嚴三府。然後由嚴州出安徽以扼南京。由衢州出江西以應長沙。而用金華之師以堵塞杭城之來兵。且分道以擾紹興甯波湖州各縣。以震撼蘇杭。籌備略竣。而長沙之消息無聞。成章大疑。遂疾趨杭城刺探。始悉長沙事已於九月二十六日敗露。乃急訪金華以按祕其事。然其時龍華會會主沈榮卿已以其謀告諸雙龍會山主王金寶。且勸以處州應之。偕衢州之師以共出江西。金寶遂令部將管馬德約各黨徒預備發動。又傳檄遂昌管事周某。使率其屬先取遂昌。預備出江西以爲各路義師之前導。周某又出示曉諭遂昌清吏。令籌辦歡迎酒席。縣令飛報浙撫。杭城下戒嚴令。值黨人宣布起義停頓。金寶始解散其屬。然清吏已懸賞金二千購之。其友程象明貪利忘義。甘爲眼線。密報清吏。獲金寶于桐廬。遂于十月某日加害于處州城。黨人在處州之經營爲之一挫。成章魏蘭等事定後。仍進行不懈。分頭入永康麗水東陽魏山玉山尖夏家莊天台平鎮黃巖海門各地聯絡當地會黨。先是浙東屢鬧教案。自黨人灌輸以革命思想。遂易其排外之心爲排滿。至丙午以後。清吏始漸警覺。然大勢已去。防不勝防。未幾遂有丁未六月紹興秋瑾之役。

丙午杭州之查拿黨人　陶成章于丙午年春在東京入同盟會。旋被推爲民報社編輯兼發行人。是年五月返國。偕龔寶銓同寓西湖白雲菴。至九月初旬再來。則下榻于杭州城內白話報館。時杭城忽風傳成章等已召集上八府義士三千。將于十二日襲取省城。滿藩司寶芬以浙江黨人遍地。屢欲借故以興大獄。旣聞此事。卽下密扎于杭州知府三多。令速究辦。警察總辦某道謁浙張撫請示。張撫畏事。不欲深咎。卽由幕中人傳言。囑成章等他適。成章等越二日始離杭。自是黨人機謀漸露。不若以前之活動。十月初旬徐錫麟亦來杭謁撫院。張撫拒不見。蓋疑之也。

大通學校之繼起　自溫台處會館無形解散後。浙省黨人之革命機關部遂移于紹興大通學校。其主動人曰徐錫麟。而龔寶銓陶成章陳則軍呂熊祥趙卓陳伯平竺紹康等咸爲之助。此校發議于乙巳三月。而開學則在八月二十五日。其學科首重兵式體操。特設體操專修科。凡有志者均可入學。期以六月畢業。開學後。寶銓成章等乃遍招各縣會黨頭目入校練習兵操。爲軍事進行之預備。金華處州紹興三府之黨會頭目多負笈來學。爲一時之盛。吾國各省祕密會黨之能受正式軍事教育。蓋自此始。丙午三月。錫麟爲實行捐官計畫。親入北京大事活動。離紹興時。以校務託之曹欽熙呂熊祥二人。後欽熙辭職。余靜夫姚定生先後任總理。至丁未七月。諸辦事人請秋瑾主持校事。瑾既就職。規模一新。蓋曹余姚等均不諳會黨情形。窮于應付。瑾則果斷有爲。不獨多招會黨六百餘人來習兵操。且令女學生亦受軍事教育。號稱女國民軍。以是大招清吏疑忌。丙午三月。杭城大吏假盤察倉穀之名。派委員至紹興密查。諸辦事人幸事前得報。預將武器移藏他處得免。瑾經此事後。益復召集各處會黨至紹興計事。幷與安慶徐錫麟相約尅期大舉。於是大通學校更成爲革命軍之大本營矣。會錫麟在安慶失敗。瑾亦以屢改師期爲虜所乘。卒及於難。大通學校被清吏封禁後。諸辦事人或逃或匿。幸開會之初及舉行畢業式時。本城官紳均到校拍照紀念。故舊日入校之學生得免波及。

丁未各地義師之失敗　丁未五月初五日秋瑾既在紹興就義。其相約舉事之各地黨人亦先後失敗。嵊縣軍務由竺紹康王金發裘文高等主持。是年三月間裘文高不待紹康通告。遽召台州義勇。由東陽至嵊縣紮營於西鄉廿八都村。樹革命軍旗幟。殺死清軍哨官李逢春等數名。兵士數十名。杭城清吏派兵來援。文高乃率衆退入東陽而去。於是清吏始懸重賞以購紹康金發。而紹康金發遊行自如。清吏無如之何也。武義縣黨軍督辦員爲劉耀勳。因五月二十六日舉事之約期洩露於外。縣令錢寶鎔急電杭城請兵。省吏派參將沈棋山捕拿黨人。耀勳一無預備。二十二日爲清軍所擒。遂及於難。黨人死者三十餘人。金華軍務先由秋瑾派徐買兒辦理。

買兒事前因與人爭田產事入獄。及舉事有期。買兒友倪金欲劫牢以出之。不戒於言。爲清吏所聞。被執戮死。而金華之師遂不能起。是爲五月二十三及二十四日事。蘭溪黨人聞紹興師期。謀集衆襲破縣城。以接應金華之師。適安慶事發。金華已布戒嚴令。乃皆散走。清吏因之分頭搜鄉。並涉及各寺院。湯溪浦江各縣亦大受騷擾。縉雲黨人于大通學校遭難後即揭竿而起。清軍屢爲所敗。其首領呂熊祥以孤軍不能久持。乃命其徒屬退居於仙居鄉落。暫得保全實力。經此役後。浙江會黨元氣大傷。就中龍華會受摧殘最甚。伏虎白布雙龍諸會團體尚存。然其勢已漸渙散。平陽私販二黨屢傷首要。亦一蹶不振。

戊申後黨人之活動　戊申春夏間。浙江革命黨人欲聯合江浙皖贛閩五省各祕密會黨結一大團體。定其名曰革命協會。因各派意見不一。久未就緒。是年冬清帝后死。黨人謀乘機起事。因絀於經費而止。翌年春雲和人張偉文與麗水人闕麟書欲聯絡會黨大舉。偉文至樂清運動黃飛龍。在永嘉之南溪爲溫防統領梅占魁所捕。送之杭城下獄。麟書亦因書信牽涉。被繫仁和獄中。時當道視處州人盡革命黨。凡寓杭城旅館之處州人多被拿捕。其後麟書以無確證。庚戌年始保釋出獄。偉文則至辛亥光復始行開釋。

張恭之獄　己酉年夏。黨人陳其美張恭王金發周淡游褚輔成等在上海有所計畫。事爲劉光漢汪公權所聞。光漢鼓吹排滿有年。爲有名之文學家。時任民報撰述。以爲其婦何振所挾持。且與章炳麟陶成章意見不合。遂變節歸上海。密充江督端方偵探。至是乃以所得報告端方。端向英租界當局交涉。派巡捕查抄黨人機關。捕去張恭一人。周淡游褚輔成以變服工人得免。王金發怒挾鎗見光漢。將殺之。光漢懼。許以必爲保全張恭。恭因不死。光漢由是不敢再至上海。汪公權以爲無慮。仍至上海偵探黨人舉動。卒爲金發槍斃。聞者快之。

第三十五章　光復會

光復會之起源　光復會與同盟會　大本營之設立　捐官之計畫　大通學校之風潮　安慶起事之失敗　浙省起事之失敗　黨人之生死　南洋之光復會　李柱中與光復會　上海之光復軍　光復會之結局

光復會之起源　光復會成于前清甲辰（清光緒二十九年）之冬。而源流則出自癸卯（清光緒二十八年）留日學生所設軍國民教育會。先是章炳麟秦力山等所發起之支那亡國紀念會既遭日本政府解散。留日學生董鴻禕葉瀾周宏業秦毓鎏王嘉榘謝曉石胡景伊薩端馮自由蘇子穀諸人乃創設青年會。以爲之繼。留學團體之揭櫫民族主義爲宗旨者。青年會實爲濫觴。及癸卯春。俄人迫清廷締結滿洲條約。留學界大憤。有志者遂倡議組織義勇隊。自行赴滿拒敵。學生多簽名贊成之。青年會爲謀擴張其黨勢。咸入義勇隊爲幹事。後以日政府不許別國人在其國有軍事行動。乃改義勇隊名目爲軍國民教育會。旋聞清廷欲逮捕學生請願代表。各會員以滿虜甘心賣國。非從事根本改革。決難自保。於是紛紛歸國。企圖軍事進行。其中有一部組織暗殺團。欲先狙擊二三重要滿大臣。以爲軍事進行之聲援。所訂規章。極爲嚴密。浙江留學生之爲團員者數人。龔寶銓其一也。寶銓旣返國。遂在滬招集同志組織機關部。時中國教育會會長蔡元培方從靑島歸上海。覘知其事。乃求入其會。願與合作。團員非常歡迎。於是更將規章詳加修訂。定名曰光復會。又曰復古會。幷推舉元培爲會長。壁壘爲之一新。適陶成章自內地再渡日本。道經上海。寶銓與成章爲莫逆交。且頻年運動會黨。咸與共事。元培亦知聯絡會黨非成章莫屬。因同約成章入會。成章從之。由是紹興商學界及各屬會黨頭目相與訂盟者。大不乏人。元培以敖嘉熊素負重望。親至嘉興邀之訂盟。嘉熊許其有事相助。而不入其會。成章嘗介紹魏蘭入會。因事不果。徐錫麟于是年冬十二月至上海。見元培于愛國女學校。遂亦入會。秋瑾則于丙午冬爲反對日政府取締留學生規則事歸國。始由錫麟介紹入會。此光復會成立初期之大概情形也。

光復會與同盟會　當光復會成立之時。正爲萬福華鎗擊王之春之時。黃興劉揆一等因謀在長沙起事失敗。時亦遁走上海。謀另組新黨。爲捲土重來之計。會王之春案起。牽涉新聞路餘慶里機關部。黃劉等遂俱匿跡日本。以避其鋒。光復會旣成立。與會者獨浙皖兩省志士。而他省不與焉。會長蔡元培聞望素隆。而短于策略。又好學。不耐人事煩擾。故經營數月。會務無大進展。加以敖嘉熊所創設溫台處會館成立未久。浙東各府志士咸薈萃于是。隱然奉嘉熊爲領袖。嘉熊既不入光復會。則溫台處會館一日存在。光復會即不能大有施爲。勢使然也。乙巳四月後嘉熊迭遭家難。所營商業亦復虧折。其創設溫台處會館之原定計畫。悉成泡影。而維持經費亦無以爲繼。因之此會館遂成無形的解散。陶成章龔寶銓乃入紹興。佐徐錫麟倡辦大通學校。呂熊祥趙卓等亦隨之行。錫麟素有大志。且勇敢沈毅。爲同志所欽仰。其組織大通學校也。即欲利用爲起事機關。及既成立。而浙江革命軍之大本營遂由溫台處會館而移于大通學校。即光復會本部之事權亦已由上海而移于紹興焉。是時留日十七省革命志士在東京發起中國同盟會已歷數月。浙江人入會者有蔣尊簋秋瑾數人。成章于丙午東渡。旋即加入。且見推爲民報之發行人。元培于同盟會成立之初。已由本部指定爲上海分部創辦員。因是光復會員泰半入同盟會籍。獨錫麟志大心雄。不欲依人成事。且因捐官辦學二事與成章意見不洽。故卒未入會。秋瑾于乙巳七月由馮自由介紹入同盟會。且被推爲浙省主盟員。爲浙人入同盟會之第一人。是年冬。由日返國。復由錫麟介紹入光復會。因與錫麟訂約合作。故一切進行規畫。咸以光復會名義行之。然于丙午冬萍瀏一役前後。同盟會本部派遣歸國運動湘鄂蘇各省起事之劉道一楊卓林孫毓筠胡瑛諸人。瑾皆與之約期同舉。亦概用同盟會章制。則可知是時革命黨員對于光復同盟之名義。固無畛域之見也。及萍瀏革命軍失敗。徐秋二人遂協議決用光復軍名義在浙皖二省企圖大舉。不及半載而有安慶紹興之二役。

大本營之設立　光復會之大本營卽紹興大通學校是也。先是徐錫麟嘗于癸卯春赴日本觀大阪博覽會。與陶成章相識。歸國後復與嵊縣平陽黨會首竺紹康相結。尋復入光復會爲會員。錫麟所居里曰東浦。其鄉人倡辦一小學校。名曰熱誠。於各普通學科均不甚研究。特注重於兵式體操。錫麟偕其友陳志軍親自督率以訓練之。又從南京兵輪上僱一軍樂家來教授軍樂。鄉人因之發生謠諑。錫麟父鳴鳳聞而惡之。然本學校係紳士公立。無術可以解散。且又以學生年紀尚小。故暫置之。乙巳三月蔡元培族弟元康自上海至紹興。告同志以劫錢莊助軍需之法。同志均以爲然。錫麟聞而識之心中。卽向同志許仲卿借銀五千元。至上海購買後膛九響鎗五十桿。子彈二萬顆。聲言鎗二百桿。子彈二十萬。其購此鎗也。先向知府熊起蟠領取公文。言明係各學校體操所用。明目張胆僱挑夫十餘名。直過杭城。警吏皆不過問。既至紹興乃寄存于府學校。復往嵊縣請竺紹康選同志中之強有力者二十人。派赴紹興。每人給費二十元。遂回東浦與志軍等商議。欲立一學校以爲此二十人容身之所。且爲藏匿之地。就商於支浦附近大通橋旁大通寺方丈。借其屋宇數間以爲開辦學校之用。事爲錫麟父所聞。即言於該寺方丈。不許借屋宇以與其子。正徘徊間。而陶成章龔寶銓自嘉興來。乃共同商議至府城謁豫倉董事徐詒孫。商借豫倉空屋數間。爲開辦學校之用。詒孫從之。錫麟父聞而莫如之何。遂將存寄于府學校鎗桿盡數移至豫倉。紹康偕其徒二十八。如約而至。擇日開辦學校。省由許仲卿出。仍其舊名曰大通學校。是時敖嘉熊所辦溫台處會館經費支絀。勢將停頓。成章乃招呂熊祥趙卓等先後入紹興襄理大通學校事。於八月二十五日開學。會稽平水人陳伯平新自福建還。聞其事亦來入學。錫麟開辦大通學校之本意。原爲刦錢莊助軍需踞伏藏獲之所。嗣以同志中無能通駕駛術者。遂罷其事。錫麟又欲於開學日集紹興城大小清吏盡殺之。因以起義。請成章以告各府黨人咸爲同時響應。成章以浙江非衝要地。欲在浙江起事。非先上通安徽。并以暗殺擾亂南京不可。因力勸之而止。成章主議改成師範學校。設體操專修科。不論其爲何府何縣人。皆可入學。因親至杭州學務處遞稟。請其轉達三司。謂東西洋各國盡徵民兵。號曰國民軍。然皆係中學校及高等小學校卒業者。兵式體操習之有素。故一行號召。即能成軍。照我國目前情形。不能不行徵兵之制。然市民村鄉罔識步伐。據生等意。以謂欲行徵兵。須先倡團練以爲基礎。今特設立大通師範學校。內設體操專修科。凡有志者均可入學。六月畢業。卽行各歸本鄉倡辦團練。以爲徵兵預備。淸吏信爲然。可其請。成章寶銓熊祥三人復遍遊諸暨永康縉雲金華富陽各縣。邀諸會黨頭目至大通學堂學習兵操。於是金處紹三府會黨到大通受兵式教練者。絡繹不絕。成章乃又爲釐定規約數條。凡本學堂卒業者卽受本校辦事人之節制。本學校學生咸爲光復會會員。凡黨人來者僅習兵式體操專修科。均以六月畢業。文憑由紹興發給。面上蓋有紹府及山陰會稽兩縣印。又蓋大通學校圖章于末。背面則記以祕密暗號。其開校及卒業時。悉請本城官吏及各有名士紳到校行開學及卒業式。設燕饗之禮。官紳學生同照一相。送府縣及各學校留紀念。凡所以挾制官場士紳學界之法。無不詳細周到。故是時同鄉士紳雖有竊竊私議者。然皆不敢直言招禍。其後本校發生各種之風潮。皆能屹不爲動。亦卽因是之故。至皖案發後。學校隨之破壞。而舊日入學之學生亦緣是關係。不致橫被株連。

捐官之計畫　大通學校成立後數月。成章見紹興同志中頗有資本家。復提議捐官學習陸軍。謀握軍權。出淸政府不意行中央革命及襲取重鎭二法。以爲擣穴覆巢之計。錫麟偉其說。相約五人捐官學陸軍。五人者何。卽徐錫麟陶成章龔寶銓陳志軍陳德穀也。以年齒高下。錫麟爲長。成章次之。志軍德穀又次之。寶銓居末。由錫麟運動許仲卿出資。遂往湖北謁其戚原任湖南巡撫俞廉三。是時廉三正欲得浙江鐵路總理之職。又素以頑固爲人所唾棄。思欲一雪其恥。錫麟知其隱衷。卽以此兩端餂之。廉三中其說。因爲代納粟捐官。復致函介紹於署浙撫滿將軍壽山。錫麟旣歸浙江。遂造撫院謁壽山。覘知其愚而貪。乘其言詞吞吐之際。卽納賄三千金。壽山囑幕友批准五人學習陸軍之禀。復爲致一函于駐日公使楊樞。新浙撫張曾敭從湖北起轅時。廉三復再三重托之。謂錫麟係其表姪。餘人則均爲其好友。錫麟等遂先後至日本。同行者除其妻振漢外。有陳伯平馬宗漢等十三人。旣抵東京。錫麟以短視不合軍人資格見拒。乃改謀入陸軍經理學校。復不得。遂又擬學習警政。幷謀陸軍學校及軍正司令等差使。成章謂非直接統軍不能行事。否則結合暗殺團。以擾亂北京。亦是一計。議久不洽。

先是錫麟等離紹興時。以校內經理事宜托之曹欽熙。照料金處兩府學生事宜托之呂熊祥。原約六月畢業後。體操班卽行停止。屆期諸生咸如約歸里。或辦體育會。或開團練局。成章欲乘時閉歇。以免日後之破露。因是與錫麟等意見又不洽。紹康熊祥卓等亦欲藉此多製造軍事人材。均不願停辦。於是再由紹康等各自轉招其徒黨到大通學校開體操班。一仍前日之舊。是爲丙午三四月間事。未幾成章以疾偕寶銓歸國。養痾于西湖之白雲菴。熊祥自紹興來見。成章力言欲興革命軍。非可以學校爲大本營。學校不過爲造就人材計。今人材已足。不若歸鄉倡辦團練。然熊祥等均不能用其言也。是時錫麟已先回上海。至湖北見廉三。又歸浙江見壽山。壽山又爲之介紹於其岳慶親王奕劻。廉三又爲錫麟言之于張之洞。之洞亦爲介紹于袁世凱。世凱疑之。拒不見。本欲需次湖北。因安徽巡撫恩銘在山西爲知撫時。頗得廉三青目。相結爲師生。又係奕劻之壻。與壽山爲連襟。故遂改省分發安徽。引見後。特至滿州見俠客馮麟閣。尋歸浙江見張曾敭。曾敭亦已疑之。不之見。乃往安徽候補。藉廉三力荐力。因得武備學校副總辦差。是時已爲丙午之冬間矣。

大通學校之風潮　大通學校初建時。徐錫麟陶成章等料理內外一切事務。規則極爲整肅。紳學兩界均無間然。及諸人赴日本。錫麟以校事託之曹欽熙。欽熙一老書生。不識黨會情形。未能處理之。然諸人之遺規猶存。故延至第一班學生畢業時。尚不至大起風潮。及第一班學生畢業後。復由竺紹康呂熊祥趙卓諸人另招各府生徒來入學。紹康熊祥本非郡城人士。因與本地學界不甚和洽。其校內學生亦漸生主客之嫌。欽熙辭職。余靜夫爲總理。靜夫局外人。校中黨人以爲不便而攻去之。旋由紹康介紹其友姚定生來代靜夫爲總理。定生於會黨情形亦不熟悉。由是學校內風潮洶湧。學生分兩派。一派祖定生。一派攻定生。其始僅口舌相爭。爭之不已。竟至執刀械鬬。繼乃持刀出校橫行街市。各自尋仇鬬毆。官紳學生咸莫敢過問。尋有人爲之調解。定生辭去總理。其事始平。職是之故。外人咸目之曰強盜學堂。是爲丙午九月間事。丁未正月諸辦事人請秋瑾主持校事。瑾乃設體育會。欲令女學生皆習兵式體操。已爲督率。編成女國民軍。紳學兩界皆反對之。女學生亦無至者。瑾不得已乃多招金處紹三府黨會頭目數十人來體育會學習兵操。學生羣至野外練習開鎗。於是二萬之子彈驟減至六七千粒。瑾亦自著男子體操軍衣。乘馬出入城中。士紳咸不悅瑾所爲。羣起而與之爲難。瑾有衆學生後援。與諸士紳力爭。士紳雖不能敵。而其恨益滋矣。當錫麟等赴日之後。校中師生與光復會之關係日漸疏遠。嗣秋瑾來主是校。亟亟以發展黨勢爲務。而其勢始一振。丁未三月。清吏聞有革命黨人嘯聚于大通學校。乃假盤察倉穀之名至紹興密訪。辦事諸人聞信。即將一切機密文件及鎗械移至他處。清吏盤察一無所得。徒手而歸。於是秋瑾更得從容布置爲所欲爲矣。

安慶起事之失敗　徐錫麟莅皖後。以見知于恩銘。迭獲軍警要差。方謂權勢日重。大有可爲。然轉不能見諒于光復會各同志。蓋陶成章龔寶銓等以錫麟求進太速。疑爲功名心重。宗旨不定。漸非議之。而成章反對尤力。錫麟不爲少動。仍進行不輟。是時皖省尙無光復會之組織。軍學界中贊成革命者。寥寥可數。獨無湖有安徽公學。始創于甲辰年冬。劉光漢陶成章龔寶銓張通典段昭柏文蔚陳由己諸人先後講學其間。提倡民族主義。不遺餘力。皖人之傾向革命。實以該校爲最早。錫麟蒞皖時。張通典方任蕪湖中學監督。皖中黨員咸假該校爲活動機關。以故錫麟在安慶進行諸事亦大得其力。又有湘人張伯寅者。世居安慶。與錫麟爲莫逆交。有大宅在城內。錫麟每次開會。常假張宅爲會場。皖省同志如兵備處提調胡維棟馬營排長常恆芳督練公所學員龔鎭鵬兵弁孫希武諸人。皆與往還。惟錫麟作事深沈。機不外露。以同志陶成章等之見疑。益滋戒懼。居皖半年。對于光復會事務從未實行推廣。會友之投皖相助者。亦祇陳伯平馬宗漢二人。每値星期日雖常召集巡警學堂教員學生于講堂爲愛國之演說。然其意在灌輸最新智識。以激盪思潮。而於種族之大義特隱隱流露于詞氣之間而已。校中生徒聞其縱談時事。莫不奮發。然亦多莫明其宗旨之所在。蓋錫麟辦事與秋瑾不同。秋瑾性情豪邁。不畏人言。主持大通學校不過數月。而校中生徒及所聯絡之會黨頭目。皆令一律入光復會。故會務進步極速。而革命之風聲大露。錫麟則條理細密。措施審愼。其初對于安慶軍學界中同志。以關係尙淺。既不敢與商機密。卽在光復會舊友。除在浙之秋瑾等數人外。亦鮮與聯絡。及改任巡警處會辦事及巡警學堂堂長。恩銘且爲之奏請加二品銜。始漸著手于實行工作。時江督端方防範革黨至嚴。屢電皖撫。使協同購緝。錫麟恐日久生變。乃密約瑾尅期舉事。且邀浙滬及僑日光復會員之健者迅速赴浙相助爲理。期五月二十八日。是日爲省中大小官吏齊集警察學堂觀畢業式之期。預期可以一網打盡。詎恩銘忽下令改期二十六日。錫麟慮事洩。乃不待各地同志集合。卽皖城軍界同志亦未與聞。遽與陳伯平馬宗漢倉卒發難。于行禮時鎗擊恩銘于講堂。死之。遂率學生佔領軍械局。以彈缺援絕被逮。爲清吏所殺。伯平宗漢亦同殉焉。說者謂設使恩銘不改期。則各地同志可依時集合。爲錫麟助。觀禮時大可一網盡之。無或幸免。如是則全城無主。錫麟可以發號施令。爲所欲爲。其成效當不止此。理或然歟。

浙省起事之失敗　秋瑾以丙午年十二月十九日偕王文慶到金華蘭溪見蔣樂山。是爲運動祕密會黨之始。翌年丁未正月復任大通學堂總理。遂再事祕密會黨運動。由諸暨道義烏至金華府城見徐買兒徐順達。復欲見張恭。不果而去。三月初旬復出諸暨道東陽。過永康。以入縉雲。尋歸紹城。以函召金處各會黨頭目入紹興計事。并令加入光復會爲會員。初欲于四月間起兵。尋改五月初旬。復親至杭城運動軍學兩界。使爲內應預備。未幾。復又改師期爲五月二十六日。且另訂戰時軍隊規則。未及頒布。而難已作矣。事詳瑾本傳。此外嵊縣武義金華蘭溪各地亦先後失敗。清吏大索首要。株連極衆。各地會黨頭目殉難者大不乏人。其倖免者。亦多遠遊海外。暫避兇鋒。光復會經此一役。元氣大喪。殆呈一蹶不振之象。

黨人之生死　皖浙兩案事發。清廷震恐。各疆吏於是大興黨獄。緹騎四出。黨人先後殉難者。指不勝屈。最著者。則有徐錫麟陳伯平馬宗漢秋瑾劉耀勳徐順達張篆飛裘文高大開聶李唐倪金高達高逵呂觀與邵榮王汝槐裘小高張岳雲余孟亭夏竹林張蓬萊等百餘人。前後戰死者幾達千人。而被累死者不計焉。皖案各處購拿者。在長江上下諸省。則有徐振漢（即徐王氏錫麟之妻）沈鈞業方世鈞陶成章陳志軍陳德穀龔味蓀等七人。浙案浙東各府查拿者。則有張恭沈榮古周金海倪國圻阿根施炳奎李買兒金阿秋徐順年陳錫銓徐大買兒阿牛呂阿榮章鈺昌水木獺子方汝林趙密甫鄒克寬等十八人。金華處州三府特別購拿者七人。竺紹康王金發呂逢樵趙密甫裘文高張岳雲陶成章等。南京特電上海嚴拿者二人。陶成章龔味蓀。戊申十二月南京特電各省查拿者四人。張恭王金發竺紹康陶成章。

南洋之光復會　皖浙兩案起于中國同盟會成立後第三年。時章炳麟已出獄東渡。陶成章亦在日本。二人均任同盟會及民報重要職務。故民報載徐錫麟秋瑾起義事獨詳。而光復會員亦多隸于同盟會籍。丁未以後。陶成章王文慶沈鈞業魏蘭諸人以黨禍先後避南洋。成章迭任新加坡中興報仰光光華報記者。文慶鈞業蘭等亦任荷屬學校教員。成章因與中山意見不洽。乃重組光復會于南洋英荷兩屬。各省同盟會員之失意者紛然和之。於是各埠分部陸續成立。新加坡有許雪秋陳芸生。泗水有沈鈞業王文慶及蔣報和報禮昆仲。文島檳港有李杜中曾連慶李天鄉。尤以潮嘉兩府人物爲特盛。蓋潮州人許雪秋等於潮汕失敗後羣聚南洋。對于中山左右頗多非議。會其時陶成章組織光復會。以反對同盟會幹部爲號召。雪秋芸生等深表同情。由是光復會勢力爲之一振。戊申河口之役。中山嘗派汪精衛鄧子瑜二人至荷屬文島籌款接濟。大受當地光復會員排擊。收效甚微。精衛所以憤然入京躬行暗殺。卽受是役刺激所致云。

李杜中與光復會　李杜中號燮和。湖南同盟會員之健者也。甲辰長沙之役及丙午萍瀏之役。均參與其事。清吏嘗懸賞緝之。丁未春間自日本至香港訪黃克強。有所計畫。旋應荷屬文島檳港中華學校之聘。充教員數載。深得華僑信仰。陶成章在南洋發起光復會。大得其力。庚戌秋間黃克強南遊。力勸杜中及文島諸同志消除意見。爲國合作。杜中等素敬仰克強。從之。故辛亥三月廿九之役。荷屬華僑亦慨助巨款。杜中與有力焉。杜中旋偕陳方度諸人至廣州謀炸巡警道王秉恩。以響應義師。因舉事延期而止。後由同鄉張通典援助出險。

上海之光復軍　辛亥九月十三日上海反正之役。陳其美與李杜中同爲主動。杜中運動湘籍防軍。尤爲得力。其美先率民軍敢死隊冒險攻江南製造局。爲清軍所擒。杜中聞警。乃令預約之防軍立卽反正。出陳于險。事定後。其美被推爲滬軍都督。駐吳淞粤軍濟字營與杜中早有聯絡。亦同日反正。推杜中爲吳淞軍政分府。稱光復軍。卽以光復會統系得名。

光復會之結局　辛亥革命軍起。光復會員在各省統領軍隊者。浙江有浙軍總司令朱瑞。江蘇有吳淞光復軍司令李柱中。廣東有汕頭民軍司令許雪秋陳芸生。自陶成章在上海被刺。遂喪失其主腦。勢漸瓦解。朱瑞旋任浙江都督。以疾去世。李柱中解職閒居。後爲洪憲請願帝制六君子之一。許雪秋陳芸生在汕頭。與同盟會員之領軍者不合。勢成水火。時中山嘗一度致電粤督陳炯明爲之排解。其後雪秋芸生卒不免爲清總兵吳祥達所殺。茲附錄民元南京政府爲排解同盟光復兩會爭端事致粤督及同盟會電如下。

廣東陳競存都督及中國同盟會公鑒。近聞在嶺東之同盟會光復會不能調和。日生軋轢。按同盟光復二會在昔同爲革命黨之團體。光復會初設實在上海。無過四五十人。其後同盟會興於東京。光復會亦漸渙散。二黨宗旨初無大異。特民生主義之說稍殊耳。最後同盟會行及嶺外。外暨南洋。光復會亦繼續前迹。以南部爲根基。推東京爲主幹。當其初興。入會者本無爭競。不意推行嶺表。漸有差池。蓋不圖其實際。惟以名號爲爭端。則二會之公咎也。同盟會實行革命之歷史。粤人知之較詳。不待論述。光復會有徐錫麟之殺恩銘。熊成基之襲安慶。近者攻上海。復浙江。下金陵。則光復會新舊部人皆與有力。其功表見於天下。兩會欣戴宗國。同仇建虜。非祇良友。有如弟昆。縱前茲一二首領政見稍殊。初無關於全體。今茲民國新立。建虜未平。正宜協力同心。以達共同之目的。豈有猜貳而生鬩牆。爲此馳電傳知。應隨時由貴都督解釋調處。同盟光復二會會員尤宜共知此義。雖或有少數人之衝突。亦不可不愼其微漸。以免黨見横生。而負一般社會之期許。切切。總統孫文。正月三十日

第三十六章　丁未安慶徐錫麟之役

徐錫麟略歷　徐錫麟字伯蓀。浙江會稽東浦鄉人也。幼矯虔器。過手輒毀。父憎之。年十二挺走錢塘爲沙門。家人蹤跡得之以歸。讀書慧。善算術。尤明天官。中夜常危視列宿。所圖天象甚衆。又自爲渾天儀。徑三尺。及所造學校地勢圖。然未嘗從師受也。稍長習田農事。聞崐山多壙土。欲往開治不果。旋以諸生中副榜。既復悔之。乃專從事教育。尤熱心桑梓公益。創辦之始。邑人嘖有煩言。久之漸欽其識。庚子夏。義和拳起於北方。錫麟在鄉謀辦團練。爲人所尼中止。辛丑九月。錫麟見舉爲紹興府學校算學講師。知府熊起蟠敬重錫麟學問。招爲門下。任之甚專。錫麟由是得發抒其才。尋轉副監督。在校四年。弟子益親如家人。曾乘間至日本攷察大阪博覽會。順道遊東京。是時正值俄約問題興起。留學生自編義勇隊。受日政府干涉。改名軍國民教育會。浙江學生因章炳麟言革命入獄事。開會於牛込區赤城元町清風亭。錫麟出資贊助其事。會所中遇陶成章龔寶銓。相談頗洽。散會後即偕其徒張某訪成章於駒込追分町浪花館。成章導之以見松江鈕永建。相談宇內之大勢。錫麟大悅。顛覆清政府之念由此益專。遂購圖書刀劍以歸。歸益盡力公事。與同志數人建蒙學於東浦。名曰熱誠。又規建越羣公學。復設一書局。遍置各種書籍。號曰特別書局。欲以其所出書強售各學校。爲人所擠。退副監督任。錫麟嘗置一短銃。行動與俱。俄人既寇遼東。錫麟聞之慟哭。畫俄人爲的。自注丸射之。一日輒試銃數十次。由是鎗術至精。彈無虛發。其狙擊國仇之素志。蓋非一朝一夕矣。

革命之經營　甲辰冬。錫麟以事過上海。寓於五馬路周昌記。因至虹口愛國女學校訪蔡元培。陶成章亦在焉。時元培與皖甯諸志士組織一祕密會。名曰光復。邀錫麟入會。從之。成章因盡以己所經營者告之。錫麟歸紹興。乃從事於會黨之聯絡。盡交其酋豪。旁及金華諸府。由是草澤間往往知其名。次年正月與弟子數人遊行諸暨嵊縣義烏東陽四縣。自東陽至縉雲。晝行百里。夜止叢社。幾及二月。多交其地奇才力士。歸語人曰。遊歷數縣得俊民數十。知中國尚可爲也。初紹興城中有大善寺。天主教會欲得之。陰搆諸無賴。脅寺僧署質券。爲賃於教會者。紹興士大夫皆怒弗敢言。錫麟憤而登壇宣說抵拒狀。衆歡踴。卒毀券。教會謀益衰。錫麟念士氣孱弱。倡體育會。月聚諸校弟子數百人習手臂注射。復以浙省會黨知識淺闇。非加之教練。以兵法部勒。不能為用。乃與成章寶銓等建立大通師範學校於紹興。於普通科目外。尤重兵式體操。六閱月而課畢。由是綠林豪傑麕集其間。而勢力亦益盛。官吏莫之知也。

陳伯平

軍政界之活動　大通學校成立後一年。陶成章提議捐官圖得政權之策。謂不入虎穴。焉得虎子。錫麟寶銓咸贊成之。因向富戶許仲卿假貸。前後得金五萬元。錫麟捐納道員。成章寶銓及陳志軍陳德穀等亦各獲知府同知等職。錫麟遂偕馬宗漢等十三人赴日本。因外務省通商局長石井菊次郎之紹介。求入聯隊。不許。欲入振武學校。以短視不及格。居數月歸國。是時章炳麟繫上海獄二載。將屆期滿。風傳清吏將行賄獄卒毒殺之。錫麟為之奔走調護。設百計以謀出之。不得。復東渡日本。與成章陳伯平等圖入陸軍經理學校又不成。時囑其友某學造紙幣。曰軍興餉匱。勢將鈔略。鈔略則病民。亦自敗。洪秀全事可鑒也。今計莫如散軍用票。事成以次收之。然軍用票易作僞。宜習其彫文織鏤。令難作易辨。子勉學之。議既成。遂與陳伯平馬宗漢歸國。旋偕曹欽熙北上。出山海關。遍走遼東吉林諸部。至輒覽其山川形勢。見俠客馮麟閣。與語甚洽。是歲淮安徐海大飢。錫麟援例加納捐貲。以道員赴安徽試用。錫麟志在攫得政權。傾覆滿虜。故初得道員。對於各省督撫無所不遊說。自袁世凱張之洞及浙江巡撫張曾敭湖南巡撫俞廉三皆中其說。爲通關節書。鎮浙將軍滿人壽山亦受錫麟倭刀。爲其用。乙巳冬到安徽。歲暮即主陸軍中學。逾年移主巡警學校。日中戎服自督課。暮即置酒請諸軍將士。又買衣服給彈丸。諸生益尊崇錫麟。雖軍士亦多欲附者矣。安徽巡撫恩銘謂錫麟能。奏請加二品銜。然聞人言日本學生多隱謀。稍忌之。先是錫麟初至安慶。所得武備學校差使。每月所入不過數十金。不敷所用。乃遣其妻歸鄉。又以未嫻官場陋儀。屢爲同僚所竊笑。欲聯結兵營。則又口操紹興土音。事多隔閡。鬱鬱不自得。屢欲掉首返浙。同鄉僚屬勸留之。錫麟亦以與浙撫張曾敭交涉已稍有破裂。恐歸杭城。亦復難收效果。正在徘徊觀望間。俞廉三又以函囑恩銘。稱錫麟有才。務加重用。恩銘答廉三。以門生正欲重用之。毋勞老師懸念等語。遂即改徐爲警察會辦。所入較多。錫麟因得稍行佈置。壽恩銘又加授錫麟以陸軍學校監督之職。因其行為奇特。為收支委員顧松所疑。譏之恩銘。恩銘不信。召錫麟戲之曰。人言汝革命黨。汝其好自為之。錫麟答曰。大帥明鑒。自是錫麟內不自安。而急欲發動之心與時俱進矣。

先期發難之原因　錫麟與秋瑾原有皖浙二省同時起事之約。時秋瑾在浙運動已告成熟。遂派陳伯平數數往來浙皖之間。約錫麟尅日大舉。五月初旬。伯平偕馬宗漢同至安慶。寓於錫麟公館。日夜謀起革命軍。尚未有成議。十二日伯平宗漢至滬。瑾自紹興來。告伯平以危機已露。並訂五月二十六日師期。伯平即以函告錫麟。未幾遂與宗漢乘輪返安慶。錫麟先接伯平信。知事已露。不能中止。然欲後浙江師期二日舉事。因恩銘欲赴其幕友張次山母八旬壽辰。而張母生日適為五月二十八日。錫麟不得已乃改為二十六日。錫麟之不能稍忍須臾以待時機者。非僅為浙江師期之約故也。先是滬上偵探捕獲黨人葉仰高。仰高景甯人。呂熊祥之同鄉也。因與熊祥有交。得略識光復會祕密內情。既為偵探所獲。遞解至南京。端方派員訊問。仰高將所知者姓名供出。且言已入官場。然仰高之所供。又非其人之真名。乃係會友函件往來及外人交涉所假定之別號。是為店名。並非人名。然又取其與人名相近似者。端方不知其故。即將此等名姓電告恩銘。囑其嚴拿。恩銘以錫麟為警察會辦。召與商議。即以端方之電文示錫麟。而不知其間之一人。卽係錫麟之別號。乃佯爲不知。卽辭恩銘歸堂。召巡警數名。授以恩銘所授人名一紙。使其細爲察訪。於是面覆恩銘云。職道已派人查拿去矣。恩銘信之不疑。錫麟知事機已迫。稍一退步。前功盡棄。屢欲乘機起事。旣聞浙江之約。乃決計先殺恩銘。以求一逞。又以其時皖省雖有常備軍兩標。其第一標方從事於操練。未發鎗械。第二標又悉新徵之兵。不諳操法。緝捕巡防各隊兵單人少。其餘綠營則行伍空虛。未經訓練。無事坐食而已。故在此時發難。亦爲機不可失。於是陰約各機關速爲準備。訂期五月二十八日同舉。

起事之計畫　二十八日本爲巡警學堂兵生班舉行畢業式之期。連日校中攷試將竣。照常應由巡撫親臨大攷。以便撥充站崗。爲東西兩區巡警地步。徐錫麟卽欲於是日盡殺恩銘及諸滿員。此外文武各官可以不鞭而驅。不策而馳。事定卽溯江直下。襲取南京爲根據地。會恩銘以二十八日須祝幕府張次山母壽。令改期二十六日。錫麟力言爲期太促。趕辦不及。恩銘傳收支員顧松問之。松唯唯從命。錫麟屢堅持則謀將洩。而從之則後援尚未至。顧業已無可如何。不如先發以待天命。遂從之。期近。日召諸生演說時事。慷慨激昂。繼之涕泣。惟以時日太促。所約他處同志多未至。而皖中同志某某等則以關係尚淺。未敢預約。與密謀者僅伯平宗漢數人而已。二十六日晨。錫麟早起。偕伯平宗漢到巡警學校。召集學生演說。謂我此次來安慶。專爲救國。并非爲功名富貴到此。諸位也總不要忘救國二字。行止坐臥咸不可忘。如忘救國二字。便不成人格。反覆數千言。淋漓痛快。聞者悚然。然衆學生咸不察其命意之所在。既而又曰。余自到校以來。爲日未久。與諸君相處。感情可謂和洽。余於救國二字不敢自處於安全之地位。故有特別意見。再有特別辦法。擬從今日實行。諸君當諒余心。務祈有以佐余而量力行之。是余所仰望於諸君子也。語畢而退。

鎗擊恩銘時情形　是日晨八時。恩銘即到校。爲時特早。未幾三司道府縣各印委人員五十餘先後至。九時恩銘將陞座閱外場操演。錫麟請先攷內場功課。恩銘率司道等入第三進禮堂。錫麟戎服立階上。伯平宗漢立堂側。先由官生等列隊行鞠躬禮。恩銘甫回答畢。兵生正擬行禮。錫麟遽向前行舉手禮。隨呈學生名冊於案上。即云回大帥。今日有革命黨起事。蓋與伯平宗漢二人預約之暗號也。恩銘方愕然。詢曰。徐會辦從何得此信。語未畢。伯平上前猛向恩銘擲一炸彈。不爆發。恩銘驚起。錫麟曰。大帥勿驚。這個革命黨。職道終當爲大帥拿到。恩銘曰何人。錫麟即俯首向靴統內拔出手槍兩枝。握左右手向恩銘施放。曰。即職道也。恩銘驚駭問曰。會辦持鎗何用。豈要呈驗乎。語未畢。而子彈已至。文武兩巡捕搖手阻止之。而彈亦至。錫麟之本意欲以一槍擊死恩銘。當即轉向左以擊藩司。復向右以擊臬司。而令伯平宗漢分擊兩傍侍立之各道府州縣官。不料其眼近視。不能識其命中與否。遂向恩銘亂放。伯平宗漢亦隨之而亂放。恩銘身中七鎗。一中唇。二穿左手掌心。三中左腰際。餘中左

馬宗漢

右腿。皆非致命傷也。文巡捕陸永頤武巡捕車德文擁衛恩銘不去。錫麟用槍擊恩銘時。永頤以身翼之。身受五槍。均中要害。德文亦受重傷。彈盡。錫麟歸室內裝彈。恩銘左右背負恩銘將逸出。伯平自後追放一槍。由尾閭上穿心際。藩司馮煦命戈什背負恩銘入轎中。兩足拖於轎外。狼狽抬回撫署。恩銘猶能大呼務將錫麟拿獲收監。司監文武谷官。道員巢鳳儀傷腿。首府龔鎮湘傷背。餘皆乘機潰走。或由後院折牆而出。或由前門逸去。錫麟先命門者關門。門者不從命。致諸官得以逃走。錫麟怒擊殺門者。顧松已逃至門外。由宗漢捉回。叱令跪。松叩頭乞命。錫麟叱爲奸細。連劈數刀不死。由宗漢用鎗斃之。恩銘既回署。立延教會

同仁醫院英醫生戴璜。命取出子彈。戴璜答以非剖腹不能出之。恩銘時已不能言。惟以手指腹。促其速割。乃一剖再剖。不見彈之所在。未幾遂死。

拒戰及被擒情形　當變起時。人情恐慌特甚。錫麟手握雙槍。從容施放。口中猶稱大帥放心。故禮堂以外。皆不知槍聲所自起。一聞刺客二字。各官乃鳥獸散。多不知是錫麟所爲也。恩銘既逸出。錫麟卽拔刀臨禮堂。拍案大呼曰。撫臺已被刺。我們去捉奸細。快從我革命。諸生驚愕不知所爲。錫麟率伯平宗漢二人。左執刀。右持槍。橫目視諸生。大呼立正。向左轉。開步走。各學生從錫麟出校。欲先至撫署。聞已有備。乃折回至軍械所。錫麟領前。宗漢居中。伯平殿後。其在錫麟後之學生均棄槍逸去。從入軍械所者三十餘人。軍械局提調候補道周家煜投庫鑰溝中而逃。錫麟入據後。命伯平守前門。宗漢守後門。將護勇盡行殺死。令學生取局中所存新舊各槍砲試用。皆不得手。復命開倉取槍桿子彈。以覓匙不得。莫能爲用。僅將巨砲五門運出裝子彈。亦缺去機鐵一塊。遍尋無着。時藩臬各司購捕錫麟。懸賞至三千金。頃之又加至七千金。錫麟因虛有槍砲。無所用之。正躁急間。清兵已至。初至者爲新軍。其隊官與錫麟頗有交誼。與錫麟部各舉槍行禮。殊無敵意。繼至者爲巡防營。統兵者緝捕營管帶杜春林中軍兼巡防營標統劉貞等。向錫麟部取攻勢。錫麟督學生拒戰。自十二點鐘起直至四點鐘止。伯平死。宗漢謂錫麟曰。事已無成。不若焚去此軍械局與清兵同燼。錫麟曰。我輩所欲殺者滿人。若焚去軍械局。即是不辨黑白。全城俱燼矣。遂不許。未幾清兵破牆而入。緝捕營勇死者三名。傷者數十人。學生死者一名。傷者數人。軍械所庫房堅固。未易攻破。清兵多不敢上前。藩司馮煦派道員黃潤九邑令勞文琦前往督催。依然不進。馮煦乃出示。獲錫麟者賞萬金。於是各告奮勇。將軍械所打開。竟無一人在內。但見錫麟軍帽戎衣而已。知已改裝出走。報至撫署。清吏各相顧失色。尋爲哨弁杜某弋獲於軍械第三重室內。宗漢去半道亦被逮。先後捕繫學生及役夫二十一人。復於巡警學堂錫麟寢室內起出光復軍大旗一面。上書四言韻語。寓光復起義之意。子彈四箱。槍械多枝。刀三十把。討虜大元帥印一顆。光復會軍政府告示百餘張。幷黨人書信八件。又在錫麟公館搜獲炸彈數枚。書信多件。中以沈鈞業及其弟偉函件爲最多。是役也。清吏死者卽爲恩銘顧松陸永頤諸人。受傷者有巢鳳儀龔鎮湘諸人。學生死者三人。死者數人。清兵死者百餘人。革命黨人之死者僅有三人。卽錫麟伯平宗漢是也。

審訊及供詞　錫麟解至督練所。卽由撫幕張次山藩司馮煦臬司聯裕同訊。聯令錫麟跪。錫麟曰。爾還在洋洋得意。若慢走一刻卽被余殺。馮煦曰。中丞爲汝之恩師。汝何無心肝乃爾、錫麟曰、彼待我誠厚、然私惠也。我之刺彼、乃天下之公憤也、煦又問曰、爾究係孫文之黨否、曰孫文不足以指揮我、此事僅我與我友宗漢子光復子所爲、其隨攻軍械所之學生實不知情。當時我以槍迫之。不得已而隨行。我之罪、我一人當之、寸磔我身可矣。幸毋累他人、因問曰、新甫(恩銘字)死未。臬司聯裕詒之曰、未也。僅受微傷耳。經醫診治已全愈。明日當親自訊爾、錫麟聞言、垂首不語、聯裕又曰、爾知罪否、明日當剖爾心肝矣、錫麟悟而大笑曰。然則新甫死矣。新甫死。我志償。我志既償。卽碎我身爲千萬片。亦所不惜、區區心肝。何屑顧及。且指聯裕曰、爾幸不死。聯裕大震幾踣。既而曰。殺爾固無濟。卽不濟、爾庸何傷、我本擬先殺恩銘、次端方、次鐵良良弼、馮煦曰、爾平日常謁見撫臺、而不擊之於私室、乃至今日始擊之何也、曰署中私室、學堂公地、大丈夫作事須令衆目昭彰 又問其同黨共有若干、堅不答。更問教習中有同謀者否、曰此輩爲衣食起見、無一足與謀者、因授以紙筆。謂曰。請自書數語備作供辭可乎、曰可。其供辭經清吏發表如左。

我本革命黨首領、以道員就官安徽。專爲排滿而來、投身政界、使人無可防覺。滿人虜我漢族將近三百年矣、觀其表面立憲、不過牢籠天下人心、實主中央集權。可以膨脹權勢。然實滿人之妄想。以爲一立憲卽不能革命。殊不知中國人程度不够立憲。以我理想。立憲是萬萬做不到。若以中央集權爲立憲。越立憲。我漢人越死得快。我祇拿定革命宗旨。一旦乘時而起。殺盡滿人。自然漢人强盛。再圖立憲不遲。我蓄志排滿已十餘年矣。今日始達目的。本擬殺恩銘。再殺端方鐵良良弼。爲漢人復仇。乃竟於殺恩銘後。卽被拿獲。實難滿意。我今日之意。僅欲殺恩銘與毓鍾山(名秀)耳。恩銘已擊死。可惜便宜毓鍾山。此外各員均係誤傷。惟顧松係漢奸。他說會辦謀反。所以將他殺死。趙廷璽他要拿我。故我亦欲擊之。惜彼走脫耳。爾等言撫台是好官。待我甚厚。誠然。但我旣以排滿爲宗旨。卽不能問滿人作官之好壞。至於撫台厚我。係屬個人私惠。我殺撫台乃是排滿公理。此舉本擬緩圖。因撫台近日稽查革命黨甚嚴。又當面囑我拿革命黨首領。恐遭其害。故先發以制之。且欲當衆將他殺死。此外文武官吏不能不服從我。直下南京。可以勢如破竹。我從此可享大名。此實我最得意之事。爾等再三言我密友二人。現已一併拿獲。均不肯供出姓名。將來不能與我大名並垂不朽。未免可惜。所論亦是。但此二人實有學問。在日本均知名。以我所聞。在軍械所擊死者爲光復子陳伯平。此實我之良友。被獲者或係我友宗漢子。向以別號稱。並無眞姓名。若爾所說已獲之黃復雖係浙人。我不相識。衆學生程度太低。無一可用之人。均不知情。爾等殺我。剜我兩手兩足。將我全身砍碎均可。不要寃殺學生。彼等皆是爲我誘逼使然。革命黨雖多。在安慶者實我一人爲排滿事欲創光復軍。助我者僅光復子宗漢子二人。不可拖累無辜。我與孫文宗旨不合。他也不配使我行刺。我自知卽死。將我宗旨大要親書數語。使天下後世皆知我名。不勝榮幸之至。

供畢。清吏復訊馬宗漢。宗漢不屈。後經審問多次。乃供云。

馬宗漢字子畦。年二十四歲。浙江餘姚縣人。胞伯叔馬斌係兩榜進士。補廣東德慶州署鶴山縣殉難。祖名道傳。祖母徐氏。父名雲驤。曾入學。母陸氏。祖父已故。父母俱存。娶妻岑氏。兄弟二人。兄名宗周。我二十一歲蒙陳學台考取入學。我三十一年歲底出洋。到東京進早稻田大學預備科。去歲三月因接家書祖母病重。卽乘輪回浙。與同里的陳伯平結伴。同坐三等艙。陳伯平又名淵。字墨峯。現改名陳澄。字伯平。適徐錫麟亦坐該船頭等艙。錫麟向與伯平相好。我由伯平介紹始認識錫麟。彼此交談。他主革命爲漢族復仇。勸我亦持此主旨。我面允而心未許。至上海寓周昌記棧。次日我先由甬回家。他們說欲回紹。以後未曾會面。至上年歲底。徐錫麟來一函云。會辦陸軍小學堂。叫我卽來皖。我未答。今歲四月初七日我至上海。應浙江鐵路公司股東會。又遇陳伯平。

說徐錫麟現在會辦警察。有函叫他去以襄警務。約我同去。我說未習警務。去有何用。他說徐錫麟在皖聲名頗著。恩撫亦重之。卽非警察。亦有別事可就。我遂同陳伯平於五月初三日到皖。寓於徐錫麟公館內。徐錫麟與陳伯平密說。不過說革命而已。十二日徐錫麟叫陳伯平往上海購物。我因在此無事。卽與陳伯平同往。仍寓周昌記棧。有一天陳伯平叫我同去買印字機。至念一夜間。我回棧見陳伯平適藏手槍。我問何用。他說衛身必須。遂收藏衣箱內。念五日午前到皖。逕至徐公館。陳伯平着人至學堂請徐錫麟回。密語多時。徐錫麟說明恩撫台至學堂看操。可開槍打死他。就起革命軍。我說怕不能。他說都佈派好了。你不要怕。你到此地。不由你不答應。並說打死撫台後。他就是撫台。逼他們投順。他們亦不得不服從他。他又說打恩撫台後。可占軍械所電報局製造局督練公所。他們無兵符。無軍械。無路可通。及南京得知。我已早到南京矣。所懼者。打死恩撫台後。學生逃散矣。我祇要將門口斷住。不許他們走散。就可成事。排滿告示是陳伯平做的。殺律是徐錫麟擬的。告示先印一張。嫌字小。錯字亦多。又由陳伯平改作的。每件印刊四五十張。我亦幫同印的。陳伯平與徐錫麟拿出五枝小槍。約六七寸長。每槍裝子五粒。陳伯平拿一枝槍。將子安放好。遞給我藏在身上。又將槍子一盒。其餘四枝槍是徐錫麟陳伯平分帶身上。徐錫麟夜半回學堂宿。陳伯平與我在徐錫麟公館宿。念六日九點鐘時陳伯平約我同到學堂。先到潘教習房。潘因天熱。叫我們脫大衫。我們恐露出褲袋內手槍。說要見會辦。不肯脫。復到石教習房。石也叫我脫衣。我們也不脫。坐談一會。並吃點心。那時恩撫台就到了。徐錫麟叫我同陳伯平到東邊房內。恩撫台到堂上來。我合陳伯平站在房門外。聞有槍聲。知是錫麟開放。陳伯平拖我衣。令我跟他一同出來。陳伯平也把槍開放。我害怕不敢開放。此時恩撫台已被打倒。只見跌跌倒倒。紛紛亂跑。徐錫麟向大衆說。不要怕。他即將那戴金頂的人罰跪。說他是奸細。並拿出幾封信。說是害恩撫的憑據。旋由陳伯平收納懷中。學生們問此人是那樣。徐錫麟說他是刺客打恩撫台的。遂拿出洋刀將此人砍傷。陳伯平又打一槍。登時死了。徐錫麟就喚學生們跟他來聽他號令。到大堂拿出槍來。每學生給槍子一把。先喚他們歸隊。學生們不願去。復使陳伯平手拿雙槍。把學生們趕來。纔有四五十人。也有拿槍沒領子的。也有幾人沒持槍的。徐錫麟言我們警察有保護治安責任。喚學生們跟他去。不能私逃。逃者即殺。徐錫麟手持洋槍在前督隊。我在中間與學生們同走。陳伯平在後押隊。同到軍械所。除沿途私逃。約剩學生二三十人。錫麟言守住軍械所。事即可成。即派幾個學生拿槍守住大門。不准人出入。陳伯平在前門。因我膽小。令與無子彈學生守後門。復聞開槍聲。我出視外面兵到。知不能敵。見學生們皆有怨言。旋皆踰牆而走。我也害怕。亦踰牆跑去。被兵役拿獲。約在一點多鐘時候。以後徐錫麟陳伯平我均不知。念八日大帥命我至軍械所認屍。始知陳伯平已經被兵丁打死了。又知徐錫麟已正法了。我被執時改名黃福者。自知罪大。恐累及家族耳。及認屍時先言馬子畦者。希望不再追究馬子畦耳。至於徐錫麟革命同黨光復會名目。我均不知情。現獲之徐偉盧宗嶽。我皆在日本會過的。徐偉是徐錫麟胞弟。盧宗嶽是錫麟作紹郡學堂教習門生。於五月初十日間錫麟發電喚來。爲謀警察差事。我亦知道的。今蒙嚴訊。所供是實。

就義時情形　時各司道聚議。欲援張汶祥刺馬新貽例剖心致祭。聯裕毓秀皆主先挖心後斬首之說。勞文綺附和之。馮煦力持不可。曰斬首國法也。挖心私刑也。不得以私廢公。然卒不能阻之。遂定斬首後再挖心。當晚由宋芳賓勞文綺監斬於東門轅下。時年三十五也。復將心挖出。置碟內供於恩銘屍前。衛隊某並取其肝烹而食之。謂味既美。三司幕友皆紹興人。爲錫麟同鄉。聞有剖心義說。先將錫麟之陰囊擊碎。故割頭剖心之時。錫麟已賓天久矣。其屍旋用四塊板封釘。置於露地。大雨傾盤。一日夜不止。二十七日午前始掩埋於北門外。錫麟臨刑前。先拍小影。而神色自若曰。功名富貴。非所快意。今日得此。死且不憾矣。馬宗漢繫獄五十日。清吏窮問黨羽。拷掠楚毒。均所供如前。卒未供開一人。至七月十六日。清吏殺之於安慶獄前。

黨案之株連　清吏既殺錫麟。遂嚴究同黨。大興黨獄。從錫麟書箱檢出書信多件。中以沈鈞業及其弟偉函件爲最多。鈞業本錫麟學生。師生交情甚密。錫麟與之謀事者。偉係錫麟母弟。與其兄不和。嗣因見乃兄爲道員。始與通信。然信內言非關革命事宜。不過措辭曖昧。遂爲清吏所疑及之耳。未幾清吏獲一盧宗嶽。宗嶽亦錫麟之門徒。其來皖城。實由錫麟招之勸辦警務。不期適逢其會。遂遭拿問。宗嶽與偉同來。偉實見俞廉三於湖北。求爲介紹於端方。欲謀出身之路。舟至大通。聞錫麟鬧事。過安慶不登岸而去。被獲於九江後。宗嶽以無罪省釋。偉深以此事恨其兄。乃更遷怒其嫂。供稱其嫂王氏與秋瑾同主張革命。且供出錫麟同事人陶成章龔味蓀陳志軍陳德穀沈鈞業及秋瑾諸人。繼又牽及錫麟有交之紳學界數十人。清吏據其供辭。遂電浙撫請搜查大通學堂。及查拿陶陳龔沈秋等。而紹興之獄以起。徐妻王振漢以留學日本得免。江督端方猶亟欲捕徐父。馮煦力持異議。據其諭子書有忠君愛國之語爭之。得免。端方對於此案力主嚴辦。馮煦陞授皖撫後。意主寬大。不欲多所株連。人心稍安。徐偉繫獄數月。旋亦釋放。茲附錄徐偉供詞如下。

徐偉年三十二歲。浙江山陰縣人。住東浦。祖父已故。祖母易氏。年八十五歲。父親鳳鳴。字梅生。別號雙呆主人。年五十三歲。兄弟七人。長兄錫麟。號伯蓀。癸卯本省鄉試副榜。生員行二。號仲蓀。已亥年蒙文學憲考取入學。娶妻陳氏。生有一子。年尙幼穉。三弟錫麒。號叔蓀。娶妻湯氏。四弟錫驥。號季蓀。娶妻潘氏。五弟號培生。六弟號蓀生。七弟叫念一。均年幼。有四妹。僅二妹出嫁於張姓。大嫂是同縣柯橋王倍卿之女。曾往出洋。改名振漢。生員家有田地一百畝。値錢七八十千文。又在紹興開設天生綢莊。資本約六七千銀子。是生員家獨開的。錫麟用錢過多。父親把他分出。餘產未分。錫麟於癸卯年同紹興府學堂東文教員日本人名平賀深造到日本大阪赴博覽會。纔認識陶煥卿龔味蓀。回國後卽放言無忌。父親屢次教訓他不聽。所以把他分出。因錫麟曾出繼於已故伯父爲嗣也。乙巳年錫麟先辦體育會及紹興學堂。每月會操一切。錫麟又辦大通師範學堂。陶煥卿龔味蓀同住大通學堂。沈鈞業卽馥生。任教科。有會稽人陳子英出資開辦。陳淑南亦從中襄助。生員見其時時演習兵式體操。心竊危之。錫麟常開演說會。主張民權。那年夏間。生員因科舉已停。遊學日本法政大學。錫麟與陶煥卿陳子英龔味蓀陳淑南陳墨峯卽陳淵到日本。初想進聯隊。不得進去。後想進振武。因體格不合。又未得進去。纔倡革命排滿等邪說。陶煥卿曾習日本催眠術。作有中國民族消長史。在各書坊銷售。與龔味蓀陳子英陳淑南陳墨峯並錫麟散佈邪說。盡人皆知。生員因宗旨不合。屢勸錫麟不聽。錫麟自日本囘國後。曾到東三省一次。至其所謀何事。及光復會情形。生員實在不知。陶煥卿龔味蓀陳子英陳淑南四人諒無不知。此四人與錫麟交甚密。以革命爲口頭禪。按照革命拿辦。明正典刑。决不寃枉。現在錫麟已誅。將來拿獲陶煥卿等。若供有生員同謀入會事。情願甘伏法無怨。大嫂徐王氏到日本後。改名振漢。與女學生秋瑾爲友。秋瑾屢次演說。以革命排滿爲宗旨。振漢遂爲所惑。亦主革命。上年三月間。大嫂同錫麟囘國。錫麟纔以道員分發安徽。屢次致書生員。皆有中國腐敗須整頓等語。生員屢次勸他切勿鹵莽疎略。實因在此。在日本時與沈馥生卽沈鈞業會過。他談起錫麟信言。錫麟在東三省親見滿漢不平。可以運動馬賊應援等事。所以生員致錫麟信內。勸其與馥生通信尤要留意等語。總以爲空發狂論。竟不料作此亂臣賊子之事。牽累父母。萬死不足蔽辜。生員委實無同謀知情等事。錫麟又有信云。安徽軍界學界無可整頓。想囘浙江辦學堂。可以自由。生員信內所稱浙皖辦事兄自酌定。生員不敢操末議數語。卽指軍界學界而言。實未預知謀爲叛亂等事。生員於今年五月十九日到神戶。坐神戶神奈川丸船二十三日到上海。與盧鐘嶽會遇。說接錫麟電卽來皖。他想來安省圖一警察差事。生員本想往武昌見表伯俞廉三。托其於畢業後謀一効力地步。帶有水晶圖章等物致送表伯。因便道安慶看望錫麟。纔邀盧鐘嶽到周昌記棧房同住　以便結伴到皖。因盧鐘嶽無錢。生員幫他同寫船票。二十七坐新豐二號官艙。上船時卽見新聞報內載安撫於二十六日看操。被槍擊傷。生員以爲學生放槍誤傷。船到大通停泊。聽聞撫台被人謀害。兇手係道員徐。並說兇手已被拿獲正法。生員知道必是錫麟鬧事。恐被連累。遂不敢到安慶。問盧鐘嶽可上岸否。他說旣到此。只可上岸往看友人。生員知道他無錢。遂借洋五十元備作回浙盤川。生員遂改買漢口船票上行。路過九江。經警局查拿解到安徽的。聽說生員父母因錫麟事受累。如果蒙網開一面。生員願以父母之罪加於生員之身。雖死不辭。至現獲之馬子畦。在日本見過幾次。他到安慶先不知道。是到案後見面纔曉得的。錫麟信內提及陳墨峯要到安徽。生員因墨峯素有多學名譽。故在錫麟信內提及的。墨峯本名淵。及生員到安徽。始知改名澄字伯平。女學生秋瑾。紹興人。前在紹興府演說。主張民權。不顧立憲。並與陶煥卿等時相來往。是曉得的。若現在紹興起事。

實不知情。今蒙嚴審。生員歷次親書供單。均照此供。實不知錫麟光復會名目。並沒預聞謀爲叛逆及知情不發情事。家中們父母也不曉得錫麟所做事情。求恩典。再陶煥卿龔味蓀陳子英陳淑南沈鈞業陳墨峯等是錫麟革命同黨。生員是知道的。將來拿獲。可以對質。此外同學同鄉不是革命黨。不敢妄指。所供是實。

光復軍告示　清吏搜獲錫麟所製光復軍告示多件。錄其原文如左。

爲曉諭大衆翦滅滿夷除暴安民事。維我民族立國千年。文明首出。維古舊邦。乃自滿夷入關。中原塗炭。衣冠掃地。文憲無遺。二百餘年偷生姑息虐政之下。種種難堪。數不可罄。近則名爲立憲。實乃集權中央。玩我股掌。禁止自由。殺虐志士。苛虐無道。暴政横生。天下擾擾。民無所依。強鄰日逼。不可終日。推厥種種罪由。何莫非滿政府愚黔首虐漢族所致。以是予等懷抱公憤。共起義師。與我同胞共復舊業。誓掃妖氛。重建新國。圖共和之幸福。報往日之深仇。義兵所臨。秋毫無犯。各安舊業。我漢族諸父兄子弟各安生業。無庸驚疑。如本軍軍士有來侵犯者。可首告軍前。本　當治以應得之罪。勿稍寬縱。至若有不肖匪徒妄譏義師。結衆抗衡。是甘爲化外。自取罪戾。當表示天下。與吾漢族諸父兄子弟共誅之。此諭。共和二千七百五十二年　月　日給

一滿人不降者殺

一反抗本軍者殺

一乘機打掠者殺

一造謠生事妨害治安者殺

一仍為漢奸者殺

清吏之文電　彙錄是役清吏往來電文如下。

（其一）恩銘遺摺

竊奴才以庸愚之質。洊荷聖恩。擢膺疆寄。自上年三月底抵任後。深維時艱孔亟。非奮發不足圖強。故將興學練兵巡警實業諸要政同時並舉。業經迭次奏陳。適值晉北水災。籌賑籌捐。辛苦經營。十閱月甫能告竣。本年沿江一帶。梟會各匪徧地充斥。加以孫黨勾結。時虞蠢動。奴才迭派員弁四出偵緝。五月望後探得孫黨密運軍火。經由江浙皖南各處。當經電知督臣端方一體嚴緝。奴才特派專員。按照所由道路密為搜捕。并面諭文武各員嚴加防範。諄告會辦巡警處試用道徐錫麟。令其緝拏革命黨。詎本月二十六日巡警學堂甲班學生畢業之期。奴才於辰刻率同司道親往考驗。方整齊行列之際。突見徐錫麟率領外來死黨數人。皆手持雙槍。向奴才連環轟擊。相距不及五尺。聲稱今日起革命軍。奴才受傷甚多。隨同之文武員弁死傷各數人。奴才當即回署。仍示以鎮靜。以安民心。一面諭飭各營隊分途嚴防。詎徐錫麟遁入軍械所。又復添隊圍攻。業將大概情形電奏。奴才受傷雖重。而神志頗清。語音亦朗。猶冀不至於死。乃經西醫啓視。除左手右腿腹部三傷外。左右膀首及下部復有槍傷四五處。皆已前洞後穿。而腹部一傷。槍子未出。奴才自覺子往上行。將攻心際。西醫云非剖開不能取出。奴才今年六十有二矣。奏刀之際。生死尚不可知。特令奴才之子咸麟至前。口授此摺。奴才死不足惜。顧念當此世變方多人心不靖之時。不得不竭盡心力。以報國恩。奴才實不瞑目。徐錫麟係曾經出洋分發道員。思以其係前任湖南撫臣俞廉三之表姪。奴才坦然用之而不疑。任此差甫兩月。勤奮異常。而不謂包藏禍心。身爲黨首。欲圖革命。故意捐官。非惟奴才所不防。抑亦人人所不料。惟是仕途龐雜。流弊滋多。出洋之學生良莠不齊。奴才復願我皇上進用之時愼選之也。奴才身受其禍。或足以啓發聖明。至於奴才在安徽所辦各事宜。法政師範各學堂次第畢業。所練混成一協步隊。編成騎礮工輜各營隊。亦尅期可以就緒。軍械馬匹尙須添購。奴才又訂造兵輪一艘。正在估價繪圖。墾牧樹藝及丈量沙地兩事。大利所在。已有端倪。繼奴才任者當能匡所不逮。無俟奴才贅言。奴才自在山西行在獲覲兩宮。仰承聖訓。自後迭蒙遷擢。均未召令來見。犬馬念主。從此更無重見天日之期。望闕長辭。此恨何極。伏枕哀鳴。不勝哽咽悽愴之至。謹奏。

(其二)藩司馮煦致清政府電

北京外務部軍機處鈞鑒。安撫恩銘晨被巡察學堂會辦徐錫麟率外來死黨轟擊數傷。延至未刻出缺。徐錫麟拒捕已就獲。據供係革命黨首。蓄志十餘年。先殺恩銘。後殺端方鐵良良弼。並無別語。徐錫麟未便久稽顯戮。立即在轅門前正法。援張汝祥刺馬新貽辦法。剖心致祭。恩銘口授遺摺。另摺代呈。除將印信封存外。所有安徽巡撫因傷出缺。應請速賜簡放。請代奏。安徽布政司馮煦宥。

(其三)藩司馮煦再致政府電

北京外務部軍機處鈞鑒。昨以撫臣為徐匪槍傷出缺。當將徐逆拿獲正法電請代奏在案。查昨日在場被擊殞命者。文巡捕陸永頤。巡察收支委員顧松二人。被傷者有候補道巢鳳儀安慶府龔鎭湘武巡捕車德文三人。各官隨從人役亦多有受傷者。巡兵為徐匪脅往軍械所者。不過三、四十人。省城人心洶洶。徐匪正法後。隨即安貼。現張告示專辦罪首。不牽涉旁人。學界軍界均尚安靜。似可保安。請代奏。安徽布政司馮煦叩沁。

(其四)江督皖撫會奏電

北京軍機處鈞鑒。辰密。承准鈞電開。奉上諭安徽匪黨滋事。著端方等督率派往各員妥爲布置。散脅擒渠。所擒餘黨。迅即訊明奏辦等因。欽此。查徐匪係浙江山陰縣人。去歲報捐道員到省。本年二月委巡警處會辦。五月二十六日學生畢業。恩撫蒞堂大考。徐匪徧請司道府等至堂宴會。擬先宴會後行畢業禮。飲酒時閉門。爲一網打盡之計。恩撫不准。自疑謀敗。即放炸彈不燃。旋與其黨陳伯平各持槍向恩撫猛擊。恩撫身被數傷。同時救護恩撫者。文巡捕陸永頤受傷身斃。武巡捕車德文受傷。候補道巢鳳儀安慶府龔鎭湘各受傷而不甚重。煦與司道等護恩撫回院。尚大聲飭令速捕徐錫麟。因受傷甚重。即於是日未刻出缺。徐匪旋又擊斃巡警處收支委員顧松。指爲奸細。迫脅學生往軍械所。煦與司道所派之緝捕巡防各隊。將軍械所圍住。拿獲徐匪。自供蓄志排滿等情不諱。立即正法。旋在該匪寓搜出僞示及誓單。語大悖逆。匪黨陳伯平在軍械所擊斃。馬子畦當場緝獲。除當場格殺外。先後拿獲學生及夫役二十一名。提訊內有學生四名夫役三名誤拿。已開釋。餘犯分別禁押候訊。二十八日於下午水輪船碼頭搜得火藥六十七斤。匪未獲。各局所均派營隊守護。地方安靜如常。除添派安徽候補道許鼎霖會同皖省司道及朱道恩紱提犯審辦。務得確實供據電奏外。所有續辦情形謹請代奏。端方馮煦冬印。

第三十七章　丁未紹興秋瑾之役

秋瑾略歷　革命之運動　起事之規畫　大通學校之搜捕　清吏之慘殺　黨案之株連　各地義師之失敗　光復軍之文告　清吏之文電

秋瑾略歷　秋瑾字璿卿。別號競雄。又稱鑑湖女俠。浙江會稽人。隸籍山陰。幼隨其父宦于閩。旋復隨父入湘。年十八。嫁湘人王廷鈞。廷鈞入貲爲部郎。需次北京。瑾與之俱。生有子女。因賦性豪俠。篤信新學。與廷鈞意見不合。經同鄉戚屬陶大鈞陳靜齋爲之和解。不得。乃與廷鈞定約分家產。瑾得萬金。卽以之經商。所托非人。盡耗其貲。乃盡以所有首飾託大鈞妾荻意爲變賣集貲。東渡日本留學。甲辰三月至東京。初入留學生會館日語講習所學習日語。繼肄業于青山實踐女學校。漸與留東之革命黨員相往還。因與湘人劉道一劉復權仇亮王時澤蜀人彭春陽贛人曾某等十人相結爲祕密會。以反抗清廷恢復中原爲宗旨。聞馮自由梁慕光在橫濱組織三合會分部。遂與劉彭諸人報名加入。受封爲白紙扇之職。卽俗所謂軍師也。是年冬。陶成章以事赴日。瑾由其戚陳某介紹。識之于旅次。知成章與敖嘉熊龔寶銓等運動浙省會黨有年。因叩以所運動事。成章盡以其所歷告之。幷爲介紹同志機關二處。一函致上海蔡元培。一函致紹興徐錫麟。乙巳春間。瑾回國省親。遂謁元培于愛國女學校。旋往南京。欲運動資本家辛某之子漢無効。乃復歸滬。由滬旋紹。見錫麟于熱誠小學校。瑾之歸里。本爲籌學費計。既抵家。求給于母。母家固不中貲。勉爲籌數百金付之。瑾得資。復至日。時湘人陳範以蘇報案關係避居橫濱。其二妾湘芬信芳均浙藉。系出故家。瑾以其有玷同鄉名譽。乃使脫離陳氏範圍。幷勸同鄉學生助以學費。其天性義俠略見一斑。未幾徐錫麟攜其妻王振漢東渡留學。瑾爲之照拂一切。錫麟歸國。振漢仍留日。

革命之運動　乙巳七月東京同盟會成立。瑾由馮自由紹介入黨。浙人入同盟會者。以蔣尊簋爲最早。瑾其第二人也。是年冬日本文部省頒布取締中國留學生規則。湘人陳天華蹈海死。各省學生多倡歸國之說。瑾主張尤力。遂偕易本義等相率返國。旋倡設中國公學于上海。藉以安置歸國學生。復與敖嘉熊呂榮祥丁鑠諸人相交。由嘉熊薦充潯溪女學校教員。因與女學生感情不洽辭去。復由徐錫麟之介紹。乃入光復會。時董鴻禕方在南洋爪哇辦學。屢招同志前往相助。王嘉瑋湯調鼎陳華等先後就聘。瑾亦有行意。陶成章龔寶銓力止之。瑾乃倡設中國女報于上海。又與中國公學教員陳伯平等租屋于虹口祥慶里爲運動機關。因製炸藥失愼。伯平傷目。瑾傷手。是爲丙午八月間事。是年冬。萍瀏革命軍起。各省革命黨集議上海。欲起兵爲援。瑾與議焉。瑾以浙事自任。乃還紹興。入居大通學校。大通學校爲金處紹三府會黨人薈萃之所。瑾時與各會黨首領約。俟湘人舉事後。即出爲應援。謀既定。乃偕王文慶赴諸暨義烏金華蘭溪各地爲號召。十二月十九日至金華。寓於金阿狗家。并訪會首蔣樂山有所計畫。未幾歸紹興。聞劉道一楊卓林胡瑛甯調元諸同志相繼失敗。非死即囚。接應之舉。頓成瓦解。遂益憤恨。决計不假外助。獨行舉事。而運動益力。

起事之規畫　丁未正月。紹興大通學校因辦事之人。衆舉秋瑾爲督辦。開學之日。知府貴福及山會兩邑令皆蒞堂致頌詞。貴福并贈瑾對聯一聯。曰競爭世界。雄冠全球。瑾於是益得暢所欲爲。正二月間。瑾屢往來杭滬運動軍學兩界。其方法不外藉會黨之聲氣。以鼓舞軍學界。復以軍學界之名義。歆動會黨。而以大通學校爲其中樞。三月間。瑾又親歷金處諸邑兩次。既歸大通。復函召金處各屬會黨入紹興計事。并令在體育會學習兵操。前後相繼至者凡百餘人。瑾所最信任之會首爲義烏吳琳謙及金華徐買兒武昌周華昌。卒得三人之力。因之呼吸靈便。籌備略竣。乃改約束。頒號令。分光復會職員爲十六級。以七絕詩一首爲表記。詩曰。黃禍源溯浙江潮。爲我中源漢族豪。不使滿胡留片甲。軒轅依舊是天驕。凡從黃字起訖于使字。皆有表記。例如黃字爲首領。首領五人。即以推徐錫麟等。禍字爲協領。無定員。瑾自居協領。源字爲分統。以洪門首領任之。溯字爲參謀以。洪門紅旗等任之。浙字以下爲部長副部長等職。各職員均以金指環爲記。指環文字即以已職銜之代名詞銜入之。或以ABC等英文字母代之。其勢力所及。上達處州之縉雲亘金華全府。而下及于紹興之嵊縣。金華府之金華蘭溪武義永康浦江等縣實爲其中心。是月之末。風潮起于縉雲武義永康之間。瑾命大通學校職員趙卓復至武義一帶運動。即推舉本城紳士劉耀勳督辦黨軍。四月初。瑾復編制各洪門部下爲八軍。用光復漢族大振國權八字爲八軍記號。因與諸同事定議。先由金華起事。處州應之。俟杭州清兵出攻金處。即以紹興黨軍渡江。以襲省城。軍學界爲內應。若攻杭城不拔。則返紹興。入金華道處州。出江西。以通安慶。既謀而行。定期以五月二十六日。未幾易爲六月初十日。金華諸處仍爲二十六日之期。五月初。紹興黨人裘文高遽召台州黨軍由東陽至嵊縣。紮營西鄉。樹革命軍旗幟。二十一日武義黨案發。二十三四金華黨案又發。當風潮急時。瑾使陳伯平赴安慶告錫麟。錫麟知事急。乃於五月二十六日乘機殺恩銘。清廷震駭。大索黨人。於是大通學校遂陷于四面楚歌之下。岌岌不可終日矣。

大通學校之搜捕　安慶之師既敗。瑾于六月初一日閱上海各報始悉其事。於是執報紙坐泣于內室。不食亦不語。又不發一令。有勸之走者。不問其爲誰何。皆大詬之。是時金華府之黨軍已盡破壞。而處州府之消息未來。嵊縣黨軍則又別成一旅。校中諸學生相議早日舉事。先殺貴福。佔領紹城。而後再圖其餘。尤勝于束手待斃。瑾則力主必待嵊縣之兵來然後舉事。且分遣體育學生二十餘人往杭城分頭埋伏。以爲內應。於是藩籬盡撤。而其勢益孤。先是紹興士紳胡道南等與瑾平日有夙怨。風聞瑾有交結平洋會黨謀亂情事。遂乘機向貴福告變。貴福亦早有所聞。因未知其確。不能發難。至是遂微服宵行上省請兵。浙撫張曾敭據報。立派巡防營統領李益智率第一標兵渡江。赴紹興圍捕。當拔隊時。李將各兵身上及隨身各物件皆搜索無遺。恐其有通黨軍也。以故兵營中極形騷擾。事爲武備學生所聞。遣使飛報于瑾。瑾于初三日得是信。乃率諸學生將鎗械藏過。初四日上午九時王金發自嵊縣來。與瑾商酌十日舉事之約。午膳畢。從容而去。未幾即有黨軍偵探隊歸報。言清兵已來。瑾使再探。回報往東浦。瑾信爲然。衆學生咸勸瑾出奔。瑾不答。學生於是散去者數十人。時蔣紀適從蘭溪來。見狀大驚。乃牽瑾裙向之索川資。瑾無以應。正紛擾間。而清兵已到門矣。

清吏之慘殺　清兵既至學堂前。不敢遽進。又有學生勸瑾向後門乘船渡河走者。瑾不應。瑾令諸學生及辦事人先走。於是有出前門衝敵而去者。有自後門渡河而逸者。清兵攻入前門。不意爲學生擊死者數人。傷者數人。學生死者二人。瑾居內舍爲淸兵所執。同時被捕者有教員程毅來賓蔣紀學生徐頌揚錢應仁呂植松王植槐等六人。貴福使山陰令李宗嶽訊瑾。瑾不作一語。遂于翌晨四時就義于軒亭口下。蓋貴福畏之。不敢稍留片時也。貴福遂又用嚴刑提訊程毅。毅不屈。定監禁三年。蔣紀願作奸細贖罪。淸吏不可。乃解回原籍。定監禁一年。其餘諸人各定監禁二三年不等。程毅河南修武人。已酉夏卒于獄。屍出。鱗傷遍體。見者莫不酸鼻。瑾旣被害。暴屍道路無敢收葬者。其女友徐寄塵吳芝瑛等。收其遺骸葬之西湖。淸吏惡之。滿御史常徽上疏請夷其塚。淸吏恐激民變。乃陰囑其兄桐出名遷柩。以還紹興。已酉冬。其子自湖南來。遷瑾柩歸湖南。與其夫延鈞合葬焉。瑾死時年三十一。

黨案之株連　是役株連者衆。以學界爲尤甚。大通學校前任監督孫德淸久拘不釋。勒捐洋五千元。得出獄。富紳許仲淸被拿在押。亦捐洋十萬元乃免。復捕繫同仁學堂學生八人。戲捐公所及附設之學堂幹事員與學生亦捕去八人。毓秀震旦各學校皆迫令解散。而貴福之刑幕陳某山陰知縣李鍾嶽均以爭此案不平。被撤逐。及省委道員陳翼棟至。查閱案件。亦有責言。並調查嵊縣無亂耗。請撤兵。貴福承張撫旨。持不允。於是浙人大譁。張撫不自安。遂求調。乃移撫江蘇。蘇人拒之。更調山西。晉人又拒之。張知不見容于世。乃乞病居鄂。張乃鄂督之洞之兄子貴福亦援例求調。乃移守安徽之甯國。甯國人亦循例拒之。遂不知所終。胡道南旋爲人所殺。李益智焚死于粤之大沙頭花艇中。

各路義師之失敗　各地會黨與秋瑾約期舉事者。有嵊縣竺紹康王金發台州裘文高武義劉耀勳處州呂熊祥金華張恭蔣蓁飛高達高逵倪國圻徐買兒徐順達諸人。紹康金發本約秋瑾以六月初十日統軍入紹興。未及期而案破。乃避往台州。裘文高因假其名揭竿而起。清軍屢爲所敗。黨軍支持數月。十月十六日文高率台州義勇數百人。大敗清將劉慶林之師於白竹村。獲劉慶林斬之以徇。杭城大震。浙撫派一標三營管帶張某一標二營馬志勛督軍赴援。文高拒戰不利。復由嵊縣退軍至東陽。入仙居而散。武義自五月間已紛傳黨人起事之說。縣令錢寶鎔聞信。急電杭城請兵。浙撫命已革參將沈棋山統兵赴之。黨軍督辦員劉耀勳一無預備。遂及于難。鄉民無辜被清軍殺戮者三十餘人。是爲五月二十二日事。金華黨軍因徐順達徐賣兒事前以他事入獄。其友倪金欲劫牢以出之。事洩爲清吏擒捕。志士死者數十人。及七月以後。蔣蓁飛高達高逵等聚衆于馬陵山。謀復仇之法。遂遣使結嚴衢二府之白布會終南會。約與共起。浙撫聞訊大驚。急調沈棋山兵自東陽往攻。蓁飛達逵擊破之。棋山僅以身免。尋杭城增派新軍赴援。蓁飛達逵以餉械俱窮。苦戰不得出。相將死焉。處州府屬縉雲黨軍屆期亦舉事。

呂熊祥以各地相繼失敗。恐不能大有爲。乃命其徒屬退入仙居。徐圖後舉

光復軍之文告　是役秋瑾手撰光復軍軍制頒諭文及普告同胞檄各一通。錄之如左。

(其一)光復軍軍制頒諭文

芸芸衆生。孰不愛生。愛生之極。進而愛羣。蓋種族之不保。則個人隨亡。此固大義瞭然。毋庸多贅者也。然試叩我同胞以今爲何時。則莫不曰種族存亡之樞紐也。再請而叩以何以可以免此存亡之問題。則又瞠然莫對。否即以政治改革爲極端之造化矣。嗟夫。歐風美雨。咄咄逼人。推原禍始。是誰之咎。雖滅滿奴之種。亦不足以蔽其辜矣。夫漢族沈淪二百有餘年矣。婢膝奴顏。脅肩他人之宇下。有土地而自不知守。有財賦而自不知用。戴醜夷以爲主。而自奴之。彼固倘來之物。初何愛于我輩。所難堪者。我父老子弟耳。生於斯。居於斯。聚族而安處。一旦瓜分實見。彼即退處於藩服之列。固猶勝始起遊牧之族。奈何我父老子弟乃聽之而不聞也。年來防家賊之計算。著著進步。美其詞曰立憲。而殺戮之報。不絕於書。大其題曰集權。而漢人失勢。滿族梟張。嗚呼。人非木石。孰不愛生而愛羣。逼於不獲己。則祇能守一族之利益矣。彼既棄我種族。置之不問之列。則返報之道。亦所當爲。奈何我父老子弟見之不早也。某等菲薄。不敢自居先

知。然而當仁不讓。固亦嘗以此自勵。今時勢阽危。確見其有不容已者。於是大舉報復。先以雪我二百餘年滿族奴隸之恥。後以啓我二兆方里天府之新帝國。宗旨務光明而不涉於曖昧。行軍務單簡而不蹈於瑣細。幸叨黃帝祖宗之靈。得以光復舊族。與衆更始。是我漢族自當共表同情也。

北路總元帥統轄各部　北路第一師團司令長　第一第二第三　中路總元帥統轄各部　中路第四師團長司令長　第五第六第七　南路總元帥統轄各部　南路第八師團司令長　第九師團司令長　軍職等級分八軍。用光復漢族大握國權八字以編制之。

統帶光字軍大將　統帶光字副將　行軍參謀　行軍副參謀　光字中軍　光字左軍　光字右軍　光字中佐　光字左佐　光字右佐　光字中尉　光字左尉　光字右尉　復　同上

漢　同上　族　同上　大　同上　振　同上　國　同上　權　同上

肩章白月。中書左右字樣。并書號碼　自大將以至佐尉等皆用胸帶。如西洋懸掛寶星之斜。胸帶以顏色分別等差。黃色爲首。白次之。紅又次之。淺藍又次之。

旗用白色。中大書黑色漢字。

順旗　小三角形　內書復漢二字。黃地黑字并蓋圖印。

鈐記長方形。暫作木。

令　用竹牌計八支。面寫光復等八字之合同。兩支合寫。一支由統帶執守。一支由本營執守。以證傳令者之眞僞。

文書　用暗碼。緊要事用電碼。加五十號防洩漏。

(其二)普告同胞檄

嗟乎。我父老子弟其亦知今日之時勢爲如何之時勢乎。其亦知今日之時勢有不容不革命者乎。歐風美雨。澎湃齊來。滿賊漢奸。網羅交至。我同胞處於四面楚歌聲裏。猶不自知。此某等爲大義之故。不得不剴切勸諭者也。夫魚遊釜底。燕處焚巢。旦夕偷安。不自知其瀕于危殆。我同胞其何以異是耶。財政則婪索無厭。雖負盡納稅義務。而不與人以參政之權。民生則道路流離。而彼方昇平歌舞。侈言立憲。而專制乃得實行。名爲集權。則漢人盡遭剝削。南北兵權統操于滿奴之手。天下財賦又欲集之一隅。練兵也。加賦也。種種剝奪。括以一言。制我漢族之死命而已。夫閉關之世猶不容一族偏枯之勢。況四隣逼處。彼乃舉其防家賊媚異族之手段。送我大好河山。嗟呼。我父老子弟盍亦一念祖宗基業之艱難。子孫立足之無所。而深思於滿奴之政策耶。某等眷懷祖國之前程。

默察天下之大勢。知有不容己於革命。用是張我旗鼓。殲彼醜奴。爲天下創。義旗指處。是我漢族應表同情也。

淸吏之文電　皖浙黨軍先後失敗。其事先由浙起。及後乃由皖及浙。而黨禍之株連。則浙較皖爲尤慘酷。今彙錄是役淸吏往來文電如下。

(其一)浙撫致貴福電

准江督電。大通學堂徐匪死黨必多。祈卽掩捕。徐偉己在九江拿獲。電到卽行拿匪查堂。搜起證據。

(其二)浙撫再致貴福電

該堂主持竺姓及王金發。校長秋姓。均應查拿。

(其三)浙撫三致貴福電

准安慶電。據徐偉供。錫麟同黨陶煥卿陳志軍陳德穀龔味蓀沈鈞業徐振漢。與秋瑾同主革命。均應查拿。

(其四)浙撫四致貴福電

據金華嵩守電稱。武義獲匪聶李唐等供出黨羽甚衆。內有趙密甫縉雲人。在大通學堂司

帳。勾通大通學堂黨羽。希圖接應起事。請飭查拏

(其五)金華府致處州府電

武邑匪擾。獲犯供出周今海即周華昌。趙密甫即趙卓。均貴屬縉雲人。趙在紹郡體育會司帳。勾通起事。請飭密拏。

(其六)貴福致浙撫電

撫藩臬憲鈞鑒。越密。茲據胡道南等面稱。大通體育會女教員革命黨秋瑾及呂鳳樵竺紹康等謀于六月初十日起事。竺號酌仙。平陽黨首領。羽黨萬人。近已往嵊縣糾約來郡。請預防等語。

(其七)貴福再致浙撫電

卑府星夜請兵。蒙派到郡。今日申刻往大通學堂及嵊縣公所起軍火。該匪等開鎗拒捕。兵隊還擊。斃兩匪。並獲秋瑾及餘匪六人。起出後膛鎗二十五桿。子彈數百枚。奪獲秋瑾六門手鎗一支。探得該匪等因徐匪刺皖撫後。謀俟竺匪糾黨到開會追悼。即行起事。知其事者驚惶萬狀。現訊秋瑾供。堅不吐實。查看該匪親筆講義。斥本朝爲異族。證據確。餘黨程毅亦供秋瑾爲首。惟尚無起事准期。若竺匪一到。恐有他變。懇請將秋瑾先

行正法。餘匪訊有實據。再行電稟。又供大通學生全體赴杭。請戒備。福徵

(其八)浙撫致處州府電

徐錫麟在紹郡所辦大通體育學堂學生。衢處爲多。平日四出勾結爲亂。現在查辦。勢必散走衢處。應密告鎭守。即飭查拿首要。無忽。

(其九)處州府覆浙撫電

電敬悉。遵即密告鎭縣查拿。卑府四月杪奉臬憲密扎。即募警兵三十名。在紹郡一帶偵獲。惟卑屬地廣。無一防勇。擬懇撥勇一隊備調。以資震懾。即賜電覆。

(其十)金華府再致處州府電

金屬匪徒滋事。獲匪供出舉人張恭。即伯謙。散票結黨。現聞逃匿貴屬宣平紹興嵊縣等處。請飭縣密拿。

(其十一)紹興府致處州府電

敝郡女匪秋瑾勾結紹興嵊縣匪竺酌仙。即紹康王金發及縉雲人呂鳳樵。謀在郡起事。已獲秋瑾正法。竺王呂尚未獲。請飭縣嚴緝各匪。務獲究辦。至禱。

(其十二)處州府復紹興府電

夜電敬悉。已飭宗令密拿。務獲解究。嗣後如有指拿縉雲匪徒。祈逕飭宗令免洩密。機事重要。特此密佈。

(其十三)處州府致浙撫電

初十投遞請兵。計邀察核。匪黨蹤跡無定。蒙諭調溫勇。頃李管帶在青田撥三棚。一棚留郡。餘往縉雲。自是無勇敷調。卑府擬募五百。求發後膛鎗百桿。並予月餉。乞電示遵。俾弁飛領。以安人心。

(其十四)浙撫再致處州府電

據紹守禀。匪首竺紹康又戕斃哨官。革匪裘文高張岳雲改扮學生。逃匿處州。大通武備學堂分校。係呂逢樵所辦。速即飭查的確。掩捕各匪。並察訪有無藏匿軍火。仍委妥員赴縉雲嚴密查拿。又前電趙宏甫一名已否拿獲。均覆。頃又電溫州王管帶撥隊赴處矣。

(其十五)處州府復浙撫電

號電敬悉。查卑府並無大通學堂。縉雲壺鎮體育會半日學堂。一係呂習常。一係呂熊祥。即逢樵。於四月開辦。卑郡自月杪奉臬道密扎府縣認眞查訪。凡有形跡可疑者。無不細加盤詰。所有府城體育會及私立之警察學堂。縉邑之體育二處。及呂逢樵所設之半日學堂。均于五月二十日勒令停止外人寄宿。李管帶率勇到郡。麗水由黃令。縉雲由宗令。會同嚴密查拿。惟各匪及趙宏甫均先遠颺。至裘張二革匪亦經四處線緝。獲即鎖解。卑府决不敢養癰貽患。壺鎭素稱匪藪。防隊擬請永駐。合并附陳。

(其十六)閩督松壽浙撫張曾敭奏報秋案摺

竊查浙省會匪向有九雙雙龍等項名目。迭經拿辦。迄未盡根絕株。其黨散布各處。而以金華府屬之武義永康東陽等縣。台州府屬之仙居。紹興府之嵊縣。處州府屬之縉雲青田松陽宣平等縣爲最多。近來風氣日壞。竟有士流敗類。與學界中之倡言革命者聯合肇亂。由是匪勢益盛。臣密飭所屬查拿。迭據金華府縣稟報。查得該匪黨羽甚衆。其號召頭目如徐買兒聶李唐王汝槐呂觀與張岳雲等均極獷悍。並有學界中人。如竺紹康呂鳳樵趙宏富沈榮古許道亨等。及舉人張恭廩貢生劉耀勳廩生王金發武生倪經等。皆以士流而爲黨目。是股匪徒皆穿學堂體操黑衣。肩章綴有漢字。又據署武義縣錢寶鎔備防統領已革廣東補用副將儘先參將沈棋山會同親督弁勇拏獲匪目聶李唐劉耀勳等。訊認與紹興大通學堂體育會勾結謀亂。搜獲旗幟票布號衣軍械革命告條等件。查大通學堂係逆匪徐錫麟所辦。體育會附設該堂之內。即經電飭紹興府確查。隨據該守貴福來省面稟。據紳士察報。大通體育會女教員革命黨秋瑾及竺紹康呂奉樵等約期起事。竺紹康回嵊糾黨來郡等情。復接安徽撫臣馮煦來電。緝獲徐錫麟之弟徐偉。據供錫麟妻王氏遊學東洋。改名徐振漢。與秋瑾同立革命等語。查核皖省犯供。與本省獲犯所供紳士所報。均屬相符。適先所派軍隊到紹會府查辦。旋據該府督同山陰會稽二縣帶隊前往大通學堂及嵊縣公局搜查。該匪膽敢開槍拒捕。兵勇還槍擊傷數人。拿獲秋瑾及程毅等六人。當場搜捕悖逆字據。起出洋槍藥彈多件。查閱秋瑾各字據。內有革命論說小說詩稿僞檄文僞軍制。所編八軍以光復漢族大振國權爲號。該府縣親提秋瑾查訊。詰以匪黨共有幾人。堅不吐實。惟稱論說稿是我所做。日記手摺亦是我物。革命黨之事不必多問等語。訊之程毅等。亦供係秋瑾爲首。當場將秋瑾正法。其金華各屬匪徒。並據沈棋山續獲要匪二十餘人。金華永康等縣亦擒獲匪目倪經徐買兒王汝魁呂觀興等多人。訊明稟請就地正法。餘匪解散。由臣先行摘要電奏在案。嵊縣匪徒拒敵官軍。致戕哨長把總李逢春。兵勇亦有傷亡。經該縣拿獲匪首張岳雲等多名。訊認與革命黨勾結不諱。稟由臣電飭正法。臣維浙東地勢深阻。伏莽向多。秋瑾意在劫掠。非有逆謀。即革命黨邪說各處流衍。然亦但有空言。未敢顯然謀叛。此次秋瑾等乃以學界女子。於國家預備立憲時代。提倡革命。借體育會聚衆謀亂。私蓄軍火馬匹。勾結土匪同時滋事。金華武義永康等屬。以及紹興之嵊縣各處。響應拒捕戕弁。又分遣竺紹康王金發等赴嵊糾匪謀劫郡城。其意固不專在擄搶。猶幸武義獲匪供出實情。秋匪現誅。餘黨解散。得以迅速蕆事。不致燎原。在事之員辦理尚屬得手。現在地方安謐。人心亦靖。仍督飭各府縣嚴緝逸匪究辦。不得稍涉疏懈。亦不得妄事株連。其被脅被誘並非甘心從逆者。如能呈繳匪票。咸予自新。再能指出首要各犯。及其軍火所在。拿獲起出。仍行給賞。一面諭飭官紳速辦團防。清查內匪。以杜窩匪。而資保衛。此次該匪等倡言革命。約期起事。非尋常盜賊可比。經沈棋山督隊剿捕。排長藍飽拔補千總黃福星武義汛把總陳桂林首先拿獲匪目。聶李唐劉耀勳究出大通體育會勾結情形。逆謀盡露。排長拔把總補劉壽崐隨同剿匪。擒斬最多。均不無微勞足錄。黃福星擬請免補千總。以守備儘先補用。陳桂林擬請在任以千總儘補用。劉壽崐擬請免補把總。以千總補用。以示鼓勵。此外出力稍次員弁。由臣酌給外獎。陣亡弁勇應請飭部照例分別議卹。程毅徐頌揚蔣繼雲訊非同謀。惟交結匪類。素不安分。程毅飭縣監禁三年。徐頌揚蔣繼雲各監禁一年。限滿交保約束。應錢仁訊係被誘。受傷未愈。呂植松年輕無知。王植槐係屬誤拿。飭縣分別遞回省釋。至臣前次電奏兵隊擊斃數匪。

現據紹興府會委查明係格傷數人。其一因拒捕被格。受傷甚重。不能取供。旋卽身死。報由山陰縣驗明棺殮。至今尙無屍屬出認。其一係石寶煦。取保調醫。業已平復。其一卽應錢仁。應請更正。謹奏。

(其十七)紹興府暨山會兩縣會稟浙撫文

敬稟者。案照卑府奉飭督同卑山會兩縣會營查拿卑郡大通學堂附設體育會女教員革命黨匪秋瑾訊明懲辦一案。曾將辦理情形摺補稟憲鑒。並聲明程毅等俟訊明稟辦在案。旋因卑前山陰縣李令鍾嶽奉飭卸事。未及隨同訊辦。卑職允貞抵任。卽經卑府督同卑職允貞瑞年等飭提程毅等六人到府。當飭卑山陰邑仵作驗明應錢仁合面不致命。右後肘有槍彈傷一處。由骨縫進子穿透不致命。左肘骨縫彈子已出。有藥敷蓋。未便揭念塡單飭醫。餘均提驗面臂週身。均無拷痕刺跡。隨提犯悉心隔別研訊。程毅卽翹軒徐頌揚蔣繼雲卽子雨應錢仁呂植松分隸河南修武並嵊縣金華縉雲縣等。五品軍功王植槐係警察畢業。現充杭州正警捕兼管拘留所差。因請假來紹探友。致被誤拿。程毅於光緒二十八年科試。蒙河南學憲林考取入學。旋因科舉停止。在河南省城高等學堂肄業。三十一年九月後到上海投考中國公學。取入普通科肄業。蔣繼雲於光緒十年在廣東省捐納監生。至於何案內報捐。記不清楚。旋經由粵游幕後。遂轉回原籍。在於杭州省城閒住。與縉雲人呂鳳樵認識婦人秋瑾。即王秋氏。先經遊學日本國。遂在東洋糾合同志創立革命黨。回華後在上海開設女報館。邀陳伯平即陳墨峯為主筆。陳墨峯能製炸藥。程毅蔣繼雲各在杭滬與秋瑾先後相識。三十二年間秋瑾又在上海借中國公學之名創設學會。藉以勾煽同志。結為黨援。因無經費。擬赴湖南省勸捐。適呂鳳樵於五月間為蔣繼雲函荐秋瑾處襄理。先給盤川十元。蔣繼雲隨赴上海祥昇公客棧秋瑾寓所投遞荐函。秋瑾接見後。交出中國公學捐簿一本。囑其同往湖南等省勸捐。必須用強硬手段向紳商捐足銀數萬兩。方足敷辦學之用。蔣繼雲因見秋瑾行為叵測。且同寓均係西裝留學生。時露破壞主義。遂即措辭回杭。在本省鐵路公司內充當彈壓江干工人員。旋因患病告退。後聞秋瑾係邀嵊縣人竺紹康即酌仙又名牛大王同去辦捐。得錢不少。且又聞秋瑾已糾合同黨五六千人。內多有錢之人。秋瑾有一種手段最為兇狠。每於無意之中將人拉作朋友。稍一莫逆。伊將其黨中革命悖逆論說詩詞等件托人抄寫。秋瑾即得了憑據。人均不敢不依。其黨內各省均派有大頭目。陳伯平係黨內大頭目。最熱心而不怕死。浙省頭目即係秋瑾。金華舉人張恭伯謙亦係內地頭目。各頭目均有金印戒一個。上鑿英文為暗記。秋瑾之金印戒曾為蔣繼雲見過。惟英文何字不能認識。又有湖南張兆卿。本領最高。能製炸彈。並深知孫汶踪跡底細。北洋車站炸彈案秋瑾亦係同謀。其同黨以東洋留學生爲多。杭州均寓榮華客棧。別處亦有分寓。上年秋瑾在諸暨冊局設立體育會。兼充教習。延杭州人張乾卽剛忱爲體操教員。縉雲人趙洪富卽趙卓爲司帳。兼充學監。科目專尙體操。會同學生共六十人。以嵊縣及金處一帶之人爲多。均由呂鳳樵竺紹康王金發等運動而來。操衣褲均用黑色。遂有徐頌楊應錢仁呂植松等先後到紹入會肄業。程毅於五月初一日上海公學放暑假後卽行動身。至初三日到紹。詣大通學堂探訪總辦孫秉彝。卽德卿。卽被挽留。暫寓該堂。二十日秋瑾將體育會移入大通學堂附設。秋瑾因其黨內羽翼已衆。本擬五月起事。因須等東洋留學生暑假回華方能定局。是以改於七月間在杭州起事。並約各府黨人同時擾亂。經趙洪富屢以前言向程毅運動。並勸其入黨。程毅因素持改良社會主義。宗旨不同。卽向覆絕。嗣因趙洪富於二十四日回家。托程毅暫代學監。程毅情不可却。勉強應承。張乾亦卽回杭。竺紹康王金發時常來堂。秋瑾悖逆詩稿等件曾爲程毅所經見。又因秋瑾有暴動情形。經程毅再三向勸改正。秋瑾不但不聽。反斥程毅不知公理。至五月底。程毅見報載有安徽徐錫麟暴動之事。因知大通爲徐某所辦。恐被牽連。決意返滬。經秋瑾再三挽留。以時値暑假無事。又因盤川無著。無奈逗留。時有嵊縣學生徐興鳳。並不知姓之光朝。聞知秋瑾有七月起事之說。即約逃走。秋瑾查知。即囑大通司帳之黃介卿函知竺紹康。將徐興鳳等尋獲處死。並告知堂內各人。此後如再有逃走及洩漏祕密言語。定將此人治死除患。以故學生聞言害怕。相約緘口。六月初三日。王金發到堂探望。遂即他往。初四日秋瑾聞省兵到紹。令嵊縣仙巖人鄢發先將堂內洋槍子彈全行藏匿。學生亦紛紛各散。其時適有蔣繼雲王植槐先後由杭甯分路到紹訪友未遇。遂同至該堂探望。秋瑾即留吃午飯。其時尚有學生三棹。由學生來堂通知營兵前來搜查軍火。秋瑾得信。即攜去六門手槍放入衣袋。備好皮包。正擬逃去。爲蔣繼雲向其商借盤川纏住。經卑府等先行訪聞。稟請撥兵來郡。督飭卑職等會同徐管帶率隊詣堂搜查。詎堂內不知何人開槍拒捕。標兵不得不開槍還擊。當場擊斃一名。受傷數名。拿獲女匪秋瑾一名。奪獲秋瑾六門手槍一桿。及搜出手摺並悖逆字據。暨獲程毅等六名。餘由後門逃逸。又在堂內夾弄屋頂等處先後搜出洋槍子彈皮馬匹。一併由徐管帶同犯押解到府。當經卑府督同卑前山陰縣李令暨卑職瑞年提訊。秋瑾供認蓄意革命不諱。即經電稟請示。奉飭先行正法。經轉飭李令鍾嶽遵辦。並將辦理情形稟報憲鑒。茲卑職允貞抵任。經卑府督同允貞瑞年等。復提程毅等六名隔別研訊。得悉前情。再三研詰。該犯等僉稱或因暑假遊歷到紹。以致逗留。或因謀事未成。覓友借錢而來。不期而遇。委實不知情。亦無入黨同謀助勢情事。連日熟審。反覆開導。堅供如前。證以到紹日期。及質之徐頌揚等。供亦相符。似尚可信。伏查生員程毅雖訊止到紹訪友被留。暫寓大通學堂。且到堂未及一月。秋瑾之謀爲不軌。先不知情。亦無同謀助勢情事。迨趙洪富向其運動入黨。是秋瑾逆謀已露。旣謂宗旨不同。不允入黨。自應卽行離堂。乃竟不知遠嫌。爲趙洪富暫代學監。因循逗留。顯係甘心與匪爲伍。實屬罪無可辭。本應從重懲辦。惟旣奉憲台札飭。凡誤入會黨自行投首繳出槍枝證據者。概予從寬。卽首要各犯能自首願充眼線另拿巨魁者。亦得寬免等因。自應將該犯稍從寬典。應請將生員程毅衣衿轉請撫憲咨請湖南撫憲轉飭提學司查明通詳褫革。飭發山陰縣監禁五年。期滿察看能否改悔。再行核辦。徐頌揚雖訊不知情。第與匪人王金發等往來有素。又被招入該會肄習體操。其非安分之徒。甘入匪藪。已可概見。蔣繼雲深知秋瑾等謀逆內容。其與該女匪往來已非一日。不問可知。惟該監生甫經到堂卽被拿獲。先不知秋瑾有起事逆謀。其供無同謀助勢情事。似尚可信。且一經提訊。卽將秋瑾隱情據實供明。究非始終隱匿。情尚可原。自應量從寬減。

應請將蔣繼雲監生先行斥革。與徐頌揚各發回原縣監禁三年。限滿察看核辦。惟念蔣繼雲甫於是日到紹訪友未遇。轉至該堂借錢。致被拿獲。且秋瑾信息靈通。若非該監生借錢纏住。早經免脫。難以弋獲。又據供出該黨中首要姓名住址暗記。得以按指查拿。而該監生又自願充作眼線指拿餘黨贖罪。其情不無可原。可否將該監生免予治罪。取具的實妥保。充作眼線。隨同指拿首要。以贖前愆之處。出自憲裁。應錢仁鄉愚被誘。受傷頗重。呂植松年幼無知。其來會演習體操。無非爲學業起見。並無他意。秋瑾如何謀爲。均審不知情。自應從寬免其治罪。由縣趕將應錢仁傷痕醫痊。分別遞回原籍取保釋放。五品軍功正警捕王植槐先由卑府開釋。以省拖累。所有在大通學堂及體育會搜出洋槍子彈。併孫秉彝呈繳洋槍子彈。卑府現擬籌募巡勇。應請暫行留郡配用。俟將來巡勇裁撤再行呈繳。抑卑府更有請者。前次拿辦秋瑾。供證確實。毫無疑義。祇以謠言不一。各報館據以登載。致起浮議。經卑府將秋瑾罪狀剴切曉諭。搜獲證據。刊刻傳單。明白宣佈。謠言漸息。現今審辦程毅等。雖已供證確鑿。然擬罪之允當與否。不得不愼益加愼之。以免枉縱。而昭核實。可否仰乞憲台批飭該犯等解省聽候提訊覆核。抑或派委大員來紹提犯復鞫明確。再行定議。以昭詳愼之處。聽候憲裁。除將當場擊斃一名由卑職允貞趕將相驗緣由塡格通詳。並將受傷之石寶照飭保醫治傷症。審明保釋。一面仍會營懸賞購線嚴密緝拿逸匪竺紹康等。務獲究報外。合將督審擬議緣由開摺錄供。暨搜獲槍彈清摺肅錄稟呈。仰祈察核。俯賜批示祇遵。實爲公便云云。

第三十八章　丁未劉思復謀炸李準

劉思復略歷　謀炸李準之進行　實行機關之設置　製彈失慎之經過　炸彈案之牽連　張谷山述炸彈案情形　陳逸川述炸彈案情形　出獄後之事業

劉思復

劉思復略歷　劉思復廣東香山縣人。少有大志。好學能文。十五歲應童子試。補博士弟子員。旋拋棄舉業。專研究科學及算術。饒有心得。壬寅年（清光緒二十八年）與同邑志士徐桂等創設演說社于石岐城。鼓吹改革。邑中士子多爲感動。復倡辦女學校一所。不顧舊紳士之劇烈反抗。毅然以改良社會振興女學爲已任。甲辰年（清光緒三十年）赴日本留學。漸與留東革命黨人相往還。益有志于光復事業。乙巳秋。東京同盟會成立。遂亦列名冊籍。丙午夏秋間。同盟會決議在粵大舉。留東粵籍學生紛紛回國從事革命運動。劉亦其中之一人。初至香港主持東方報筆政。旋與安懷學校教員丁湘田訂立婚約。丁未春。汪精衛自日本至香港。與馮自由李紀堂等設機關于香港普慶坊。劉亦移寓其內。相與研究實行方法。未幾遂有丁未五月初一日廣州鳳翔書院之爆炸事件。

謀炸李準之進行　丙午（清光緒三十二年）二三月間。香港同盟會機關部以同志郭人漳已奉清吏命調駐欽廉。同志趙聲亦由江南來粵担任新軍重要任務。而許雪秋鄧子瑜等更積極進行惠潮兩府發難事宜。不日可以大舉。惟聞清廷新任粵督之岑春萱行將蒞粵。水師提督李準日以拿捕黨人爲能事。此二人均爲黨人大敵。非去其一。不足以消滅阻力。而張革命黨之聲勢。因有選擇實行委員。專任此項任務之議。劉思復久有是志。居日本時。嘗苦心研究製造爆藥之學。至是遂毅然自薦。引爲己任。馮自由汪精衛等咸贊成之。劉受任後。初在中國日報四樓密製炸藥。繼以試驗不便。乃移至寶慶坊機關部。偶因試驗失愼。爲水銀炸藥擊傷臉部。遂往澳門就醫。而謀炸計畫一時爲之停頓。迨臉傷旣愈。乃偕李紀堂赴屯門青山實行擲彈試驗。

實行機關之設置　劉最初之實行計畫。原定于惠潮兩地軍事發動期間同時著手。嗣因臉傷未愈。延至四月下旬。始赴廣州覓地佈置一切。先由香港機關部派張谷山張伯喬朱執信胡毅生諸人助劉進行。張谷山字如川。五華縣人。向在嘉應州充當教員。提倡革命最力。是時方在廣州租定城內舊倉巷鳳翔書院。組織一長樂留學公所為運動學生軍隊之樞紐。因設置實行機關事。偕張伯喬至香港。與劉會商進行方法。與議者有馮自由胡漢民李紀堂劉樾杭（思復族兄）諸人。決議李準方由汕頭班師回粵未久。應即行誅以示威。使張谷山担任在鳳翔書院附近覓一僻靜地所。以為實行機關之出發點。張伯喬朱執信則担任偵查李準每日來往必經之要路。以便相機行事。於是二張于四月二十六日遄返廣州。旋劉又得張伯喬報告。探悉李準于每月朔望二日清晨恒赴總督衙門參謁。每行必乘怒馬疾馳。大可邀之于道等語。遂不待張谷山回報。廿九日逕乘輪至省。由谷山就鳳翔書院中擇一靜密之房舍居之。復親往踏查制台衙門水師行臺二處之來往街巷道路。以便著手。又與伯喬相約。如于五月初一早親見李準已赴督轅參謁。即到鳳翔書院門外報劉以暗號。而劉即可密伺李于要道而截擊之。蓋伯喬所居即在制台前張大夫第。李之來去行踪均不能逃過其耳目也。

製彈失慎之經過　劉所用炸藥及鐵彈均由香港製就。分別攜至廣州。炸藥有銀粉水銀粉二種。鐵彈則為螺旋式。用時始用砂粒混合。然後配以鐵殼。五月初一早。劉先裝成炸彈一具。及配置第二具時。鐵殼之螺絲邊因有餘藥散落紋上。稍遇摩擦。立行轟炸。劉被爆傷面部及左手下部。五指全廢。谷山聞聲往視。則見劉尚挺然矗立。身首足皆鮮血狼藉。乃搖手語劉。使勿出聲。自往隣近之圖強醫院。求醫生伍漢持速往診視。繼復趨回書院。擬代劉收拾餘物。免被軍警搜獲。是時劉已橫臥床上。榻畔洋毯角上尚置有已配成之炸彈一具。見谷山復來。乃命其將炸彈貯入室外之便溺缸。谷山依言行事。未幾。同寓之學生工人聞聲大集。附近之站崗警察亦來。伍漢持則挈醫學生陳逸川周演明黃又夔數人匆匆而至。見劉傷狀。初以爲被人用鎗擊傷。並未疑及炸彈爆裂所致。劉自稱三水人李德山。及伍問以如何致傷。則瞑目不答。在旁之警官謂非通報警局查驗不可。谷山知事機嚴重。遂托辭外出。馳赴朱執信宅報警。圖強醫院學生陳逸川等察視傷者時。見床邊籐篋內貯有鉄彈二枚。知爲黨人所爲。因見牀蓆下露出書信數件。卽收入衣袋內藏之。忙亂良久。警察因發見鉄彈。漸疑傷者爲革命黨人。巡警道龔心湛令暫舁傷者入韜美醫院療治。俟傷愈然後審訊究辦。劉入院後。法國醫士恐傷勢延及全體。乃將其左手下部全行割去。清吏審訊數次。均自稱三水人李德山。因試驗化學受創。絕不肯供招眞姓名。其後因劉之聘妻丁湘田自香港到院探病。粵中各報相率揭載。世人始知所謂李德山者卽爲劉思復。

炸彈案之牽連　與此案有關係諸人。張谷山逃至朱執信宅。剃鬚易服後。即繞道佛山。然後乘輪赴香港。到中國日報告變。馮自由聞訊。乃派黨員數人至粵。聯絡韜美醫院侍役。謀乘間援劉由醫院後門水道出險。卒以警察防範嚴密而止。粵吏初嚴緝谷山。李準風聞此案以已為目標。主張從嚴究辦尤力。因谷山無法弋獲。遂疑與圖強學校有關。特派軍警大搜該校宿舍。無所得。僅檢獲美州雲高華埠華英日報記者崔通約致校長伍漢持函一件。中有「今日欲謀革命非革命思想普遍人心不可」一語。指為與革命黨人來往之證據。即將伍漢持拘去。伍時在法政學校肄業。法政學校校長夏同龢及教員杜之杕等聞之。乃聯名具函為伍保釋。而伍獄始解。劉至愈後。粵吏研訊多次。均無左證。遂判令解回香山原籍監禁焉。

張谷山述炸彈案經過　民國二年粵省舉行國會選舉。伍漢持當選為眾議院議員。時有人以丁未鳳翔書院炸彈案伍有意陷害劉思復為詞。登報攻擊。張谷山聞之。乃將此案始末詳細補述。以釋謠諑。照錄如下。

前閱報載本會部長胡漢民先生告白一則。曰頃有自稱旅港同志電揑會員伍漢持君謀陷劉思復事。早經劉思復君登報辯明。又曰。如同志中古應芬葉夏聲譚民三杜之杕劉一偉諸君均知其詳各等因　是則伍漢持並無謀陷劉思復事。當可見信於各同志矣。雖然。事關六七年之久。直至今日猶有疑伍君爲謀陷者。猶有待於支部長登報辯明。是必猶有人未釋然于心者。蓋亦由于此一段信史未嘗一大白於天下故也。顧欲徵此一段信史。不可不將本案關係人逐一證明。並本案之前因後果一一表暴于天下。按茲事主動機關爲馮自由汪精衛胡漢民諸君。省中暗爲照料者則爲張伯喬朱執信胡毅生諸君。失敗後從中維持調護則爲杜之秋古應芬葉夏聲譚民三劉一偉諸君。從中奔走營救者則爲謝英伯及某女士諸君。然彼時精衛在外埠。漢民自由亦在港。卽伯喬執信毅生因事起倉卒。當時亦未在場。至古葉譚杜劉諸君。則屬于事後營救。是諸君於當日事起之眞際實況。均屬未甚明瞭。卽反問之劉思復君。時在痛苦之際。亦未能知其因由也。然則欲知當日之眞際實況及伍漢持有無謀陷劉思復事。是不能不證之當日在場同人。及與劉伍之雙方關係人也。當時在場同事與劉伍二君雙方關係者張伯喬者。其人已死。今已無從跟究。惟其人尙存而能以口筆將本案前後始末逐一證明之者。其人爲何。曰張谷山氏。谷山固當日在場同事與劉伍二君雙方關係人也。今日將不厭煩瑣。舉此一段信史。爲諸君一一詳告可乎。劉思復炸案發生爲丁未年五月初一日晨六句鐘事也。著者按谷山所述炸案時刻。似與事實未符。因谷山到圖强醫院延醫時。伍漢持方與學生聚集早膳。粵俗早膳固無在六時左右者。據陳逸川所述。謂早膳在八時左右。以著者推測當以陳說爲適合。又據張伯喬事後親語著者。謂是早思復起床稍晏。彼過鳳翔書院門外報信時。不見思復。直至李準由督署返寓。思復仍未出。故是日邀擊李準之機會經已錯過云云。則炸時決非六句鐘又一實證。茲事雖小。其連帶關係影響極大。竊自孫中山先生於乙巳之秋組織中國同盟會于日本。閱一年丙午秋冬之間。黨勢已徧及全國。以民報鼓吹于前。以日本留學生諸同志相繼歸國實踐于後。蓋自丙午秋冬間卽漸入實踐時代矣。時則汪胡二君回港駐辦進行各事。此外留學諸同志亦皆聯翩歸國。分道揚鑣。劉思復君者。日本留學回國實踐之一人也。谷山於乙巳冬加盟入會。丙午在嘉應教習師範。專爲運動會員與鼓吹三民主義起見。至冬間。適潮州許雪秋氏等以中山函令擬在潮舉事。專員通知嘉應各同志。谷山因同謝良牧李詩唐到汕。意在察看情勢相機進止也。嗣因實力未充。兼之許部徒黨頗難約束。因相率到港。於中國日報社開祕密會議。議者多主張急進。而谷山尙意不謂然。因是回潮謀事自爲一路。而谷山則入省運動新軍。又自爲一路。抵省。軍學各界接見。異常懽洽。知天下事大有可爲。遂數數往來省港間。嗣由精衛漢民自由執信毅生諸君決定以谷山駐省垣爲祕密運動之機關部。然是時但可爲祕密運動。而表面上不能不另組一正當之名義。以掩淸吏之耳目。因與軍學各界商定。組織一長樂留學公所。訂定章程辦法。以谷山爲之長。租定舊倉巷鳳翔書院第三棟。是爲長樂留學公所設置之原因。丁未正月初旬。潮州饒平等處事機敗露。同志多走避在港。趙伯先君由江南改調來粵。初任督練公所提調。正月間改任燕塘新軍標統。伯喬執信毅生諸君介紹谷山與伯先接洽。並在三元宮置酒歡會。商議新軍辦法。谷山以爲新軍界皆熱血。氣盛可用。伯先曰。新軍官長陸軍各學生必使到標部接見。聯爲一氣。然後有議論。其徒然自稱同宗旨者。均不可靠。必先令加盟入會。始得認爲眞正同志。由是如姚雨平林震張我權何克夫張醁村劉古香以及在營在堂各軍官學生皆相繼加盟入會。又未幾而潮州黃岡再舉。而欽廉劉思裕亦起。時毅生運動廣府屬內會黨頗爲純熟。清督調李準偕伯先往潮州。經伯喬毅生與伯先商定相機援助。又未幾調西路巡防郭人漳往欽廉。郭固同志。與伯先尤爲密切交者。自西路回省。即由伯喬與郭商定。以爲黃岡事已消滅。可以改調伯先一併往欽廉。如機會成熟。即合兵自西省出發。進窺中原。郭因商由谷山處調集諳練軍事同志。如姚雨平何克夫等一同前往。以備分派。此爲以留學公所實司祕密機關之原因。當是時如廣府屬縣。如東西北三江。如潮汕。如欽廉各屬。皆有黨員分頭運動。郭部六營爲新練軍。伯先部新軍一標。內一營爲開花砲隊。吾黨實力漸充。粵大吏尸居不足爲慮。與吾黨反對者。厥爲僞提督李準。日以捕黨人爲邀功名。其部下楊某且來往香港偵探吾黨舉動。聲息靈通。爲心腹之患。岑春萱奉僞朝命實授粵督。六月時行抵上海。自由精衛漢民諸同志在港密謀。若岑春萱與李準二者得炸其一。於粵省政界軍界必有影響。彼時或卽起兵進據廣東。或各路蠭起。或吾黨如郭趙二君得握最高兵權。天下事成敗在此一舉。議決。適思復在港製備炸藥彈。曾在九龍山試驗有效。遂毅然獨任其役。而以谷山爲之居停主人。時港中預此事者爲精衛漢民自由紀堂及思復族人。忘其名。（著者按卽思復族兄劉杭）漢民夫人亦知之。省中預此事者爲伯喬執信毅生諸人。議決後。谷山先回省。時爲四月二十六日。相約謂學公所〻雜。應另覓一附近僻靜館地。以便裝置炸藥彈及其附屬品。覓定後函知。卽行來省。正在尋覓舖地租賃間。廿九早思復遽搭輪來省。攜行李一夾包。一籐籃。直入谷山臥房。卽呼谷山起。一面飭伙夫備早餐。一面攜谷山偕往督府水師行台二處之前後左右及來往之街巷道路。蓋是時岑春萱尚未到粵。目的單純屬李準。察看來往必經之要路。以便相機行事也。並乘便告知伯喬。又至豪賢街告知執信。乃相攜回寓草草早膳。膳畢。思復自籐籃內取出五加皮酒罐二。玻璃管一。及隔漏紙竹筒磁盆若干件。乃將酒罐內以水浸濕之藥粉倒入隔漏筒內。隔去水質停乾。以紙醮藥（實不見有藥）用火試驗、裂炸綦猛、並將彈殼四個拾出驗視。其一如牛奶盒形。其二如鷄蛋形。隨遣伙夫覓砂少許速回備用。先是谷山因學生及秘密機關往來人雜。同房不便。已改用與廳相對之房居之。當時因專意于秘密舉動。同住如張伯倫鍾麟五等。已先令其回籍。祇一陳敏孫同寓。住房則與思復相連。然敏孫亦就體育專修學校。每日黎明即須上課。所餘祇一伙夫張標而已。鳳翔書院房舍至多。前二棟及左廂與本廳樓上。均有各地不同志之學生寄宿。亦多未從中接洽。惟在書院範圍以內尚屬不擾。是日伯喬執信均到所說機密。晚膳前後谷山尚與思復言。此舉可在省住定。從容佈置。不必過于焦急也。又向思復曰、獨自一人爲之乎。抑尚須他人幫助乎。思復曰。獨任之。非他人所能助力也。又問曰。自身尚期保全否乎。思復曰。犧牲之。何可望保全也。谷山察其志決計定。純一不二。以爲必成功無疑。詎翌早黎明六句鐘時、轟然一聲。非常猛烈。谷山甫從睡夢醒覺。噯唷一聲。知事壞了。即披衛生衣。穿鞋躍出房門。而思復大聲疾呼。連呼數句。視其房門則衝斜驟不克啓。然已斜開見面。則思復尚挺然矗立。身首足皆鮮血淋漓。左手下垂。爛碎不見掌。谷山固向爲同事人所許爲胆大如斗從容鎮定者。是時搖手告思復曰。不要出聲。我即叫醫生來。一語。即呼同寓敏孫。則已鎖門上課去矣、呼伙夫張標。則出街買菜未回。倉卒飛跑至圖強醫院。直入內廳。則見伍漢持君正在餐台早膳。蓋伍君每日早餐後即往法政學校上課也。谷山以極迫切之形狀語告伍曰。汝不要食飯。即攜救急鎗傷火藥傷之藥料前去我寓所救急。彼欲再問。而已馳回。同時鳳翔書院之公共伙夫亦往伍處請速救護。而我固不能與伍君多問答數句者。一因寓所伙夫外出。同事均不在寓。而門戶洞開。二因炸藥彈尚未收拾停妥。懼有疏虞。三因樓上及左廂及下二棟寄宿多人。懼因轟聲驚動。滋擾紛聚。四因炸聲震動甚遠。且非尋常聲浪可比。懼站崗警察查視詰問。有此種因由。所以不及與伍君多言。遽行馳歸。急切用力移動思復房門。始獲開視木柵。房間牀上地下皆鮮血狼藉不堪。時則思復已橫臥在床。余見其神氣尚清。亟問曰。醫生即來。所有應拾襲之物件即聲明拾襲。思復曰。床頭尚有一件東西至要緊。余視之。則在毡角面上已裝好一雞蛋形之彈炸也。余曰。怕其炸否。思復曰。碰硬則炸。入水則不炸。可輕輕拈至便溺處所輕輕放下。則不炸矣。余拈至左廂便溺缸處。乃甫倒去之缸。絕無半點餘溺。又從左廂繞至右廂視便溺缸。是爲半缸以上。乃將炸彈連手輕輕放落缸底。尚有少許停積溺澤。知甚停妥。至廳事。已擠擁多人。一爲寄宿書院學生。二爲書院伙夫工人。三爲自外撞入貪看新聞之閒雜。四爲站崗警察。亦即雜入三四名在內。而伍漢持亦已至。即由余引伍在房門察看。伍見狀頗爲駭異。余官半問曰。怕死否。能即刻用藥否。伍曰。似此何能醫治。必死矣。伍即問思復曰。爾何許人。曰我三水人。又問曰。甚麼姓名。曰我李德山。又問曰。是槍傷是藥傷。因何受傷。怎麼利害闖到這個樣子。而思復則瞑目不置答矣。伍曰。這般救歷。究竟被人打傷。抑自已誤傷。事關人命。非同小可。在旁警察曰。報局。余即接口曰。余將親自往警局請驗。爾等警兵無庸在此紛擾也。是時伍已在房查驗各種什物。谷山入已房內。忖事不了。而房內尚有二大箱書。均屬革命書類。皮箱內尚存有盟單十餘紙。更爲危險。先將盟單檢齊藏在裏衣。並有港紙十餘元。毫銀七八元。拾藏衣袋。告知各人。着即聽候我往警局帶委員即來相驗。彼時陳敏孫未回。張標回至門口。我飭其回所。謂所內有事。爾不必慌張。凡事可推在我身上。爾伙夫無干也。但須看守我各物。出門後即繞道走豪賢街執信住家處。一婦人應門。囑執信起。有緊急說話。執信見面。余即告曰。思復誤事矣。首身足俱傷。左手且全炸去。執信曰何以會誤事。余曰。大約係裝置炸藥。不覺一觸即炸裂誤事耳。執信曰。死否。余曰。現未死。大約必死無疑。執信曰。警察知否。余曰。有警察在旁。已擬報局。醫生伍漢持在。伍以爲必死。故我亦托辭報警察。乘機繞道過來也。因搜盟單十餘紙交執信暫存。執信曰。焚去。勢至如此。以暫避爲佳。我說現港輪已開。惟有先走佛山耳。

執信曰。走佛山。是用轎直到黃沙過艇落車。余卽飭役僱轎。繼思我中裝有鬚。穿短衛生衫。穿鞋又不穿襪。不免令人起疑。乃向執信討長衫一件。執信曰。高短肥瘦不倫。雖有長衫。何能穿得。余曰。不如將鬚剃去。乃將案頭紙刀及水池之水草草剃鬚。剃畢轎至。卽入轎放簾。繞小東門走黃沙。賞轎夫銀二兩。過艇入佛山火車。坐定覺腹餓。出錢買香蕉二條暫充饑腹。至佛山到盛記生號時已十二點鐘矣。鄭雲棠出招待。見余去鬚。且未剃淨。鄭機警曰。要打辮剃頭否。余曰。一面呼髮匠。一面備餐可也。剃鬚及餐畢。擕鄭登樓密語以炸彈誤事情形。並飭傳吉照軒來。議定以吉送信及銀到省接濟陳敏孫與張標伙夫。及善後辦法。鄭卽護送我再往省搭輪往港。是晚由佛山搭車復回省。用艇趕程登輪卽開。至港機關。則執信先到。在座。漢民自由紀堂及漢民夫人均在。詳告以誤事情形。翌日卽由自由另派專員到省照料。以上卽爲谷山身親境地之情形也。又翌日接省友報告書。謂余走後。該警兵亦到局報告。尋有警兵十餘人到所監視。並一面轉報總局。時則伙夫張標同寓。警兵卽將伊扣留。未幾敏孫亦上課歸。敏孫固不知此中情形者。見狀錯愕。不知所措。警兵再三盤詰。委實茫然。而張標亦卽乘機逃去。又未幾。警察總局專員督兵多人前來。一面將思復送往韜美醫院。將陳與書院司事伙夫及伍君一幷留住帶回警局審訊　關于炸彈物品及余之相片來往信函。暨公所章程簿冊等等。概起回總局。此外服物。則派兵看管。並令警兵云。有人再到者卽行拘留。其意蓋尙以爲我乘機再回。是時省吏震恐。下令通緝我。翌日各車站輪渡均已分佈偵探。而不知我已在港也。時重要機密必由李準主持。聞李與伍漢持君先有嫌疑者。是夜派兵卽圍圖强醫院。窮搜證據。適自箱內起出一自美洲某君寄來之信。措詞激烈。李準卽擬以此函加罪。將伍收押。尋又圍搜舊倉巷某店。如何情形。以無關係未詳。當審訊陳敏孫時。斤斤以我相片相窮詰。因相片中有題詞。語涉激烈。旁紀年以黃帝。而不淸帝　題詞者爲陳培琛。卽敏孫兄弟。並非同盟會人。而淸吏又欲因陳而加敏孫罪也。詞曰。廿紀新潮怒瞥。何來珠劍氣。亭亭玉樹。八尺鬚眉千丈氣。擊得自由鐘住。更獨立精神尙武。拋却巾衿披白袷。便屬龍。更便聞鷄舞。我自恨。儒冠誤。人因積毀才方著。慨頻年。同羣鳥獸豕狠當。骨傲公卿才玩世。一揣臂肝虫鼠。且仔細商量出處。北望神州東望嶠趁華年。向海天翔翥。掉頭去。莫回顧。

陳逸川述炸彈案經過　關于此案經過。尙有當日圖强書院學生陳逸川所述。足資參攷。照錄如左。

廣州舊倉巷圖強西醫學校爲伍漢持所創辦。丁未五月初一日上午約八時左右。學生適吃早膳。突來一濃眉廣額。口上有髭。身長六尺之偉丈夫。操嘉應州音。大聲曰。鄰巷青雲里學生寄宿舍有一學生玩弄手鎗。自傷甚危。請速往救。言畢而去。此偉丈夫前曾數次來校診病。學生有認識之者。於是伍漢持即挈余及學生數人攜藥具出門。至則見傷者橫臥床上。房中置木桌一。桌上滿置化學器具。如隔水紙安士杯磁石藥舂等等。四圍門扇板壁皆有鐵片穿過或嵌入。與來報者所云玩弄手鎗自傷者不符。殊爲可異。該校學生中有革命思想者。祇余與周演明黃又夔三人。先年余在香港唯一趣報。曾與劉思復會過數面。時余見傷者滿面爲血所染。模糊莫辨其爲何如人。予甫入門。傷者見余連點首。予不以爲意。但見情形如此。則已猜定爲黨人製造無疑。予即與周演明面請伍漢持趁警察未知。即舁回學校醫治。伍云。事關學生謀殺案。須先報警。然後舁回學校。方合法律手續。蓋伍時未見桌上各種化學儀器。疑爲謀殺。故發是言也。余等時尚年少。識見幼稚。膽別力亦甚薄弱。亦以爲謀殺案。不敢與伍執拗。予于是再入傷者之房察視。見傷者左手五指已斷。復見床邊籐籃內貯有鐵彈二枝。則益信爲黨人所爲。旋偶于牀蓆下檢得書信數件。乃即收入衣袋內。奔回校中私室展讀。一致其妹者。一致其弟者。一致法政學校杜貢石及某樾者。致弟妹二函。除永別之言外。均有于某日決心殲彼羣賊之語。致杜樾二人之函。則托將其寄存之書籍衣箱轉交其弟妹者。予閱畢。即密藏于地。再往鳳翔書院。則見警察數名已入傷者之房搜查。似已知爲黨人所爲。遂問傷者姓名。傷者答云李德山。時傷者傷勢雖重。尚覺清醒。一若欲言而不敢言也者。爲狀滋苦。無何。巡官警長先後到。并奉巡警道龔心湛令。暫舁傷者入韜美醫院醫治。待稍愈。然後審訊究辦。故當時各報皆載云有黨人李德山製造炸彈圖謀不軌。不知所云李德山即劉思復也。其籐籃內之炸彈。則由兩名警察用一長五丈之竹竿貫而抬之。戰慄而無人色。自此案發生後。社會紛傳不一。有疑與圖強學校有關係者。有謂李德山係圖強學校學生者。是晚八時即有警局委員帶兵士數名來校。遍搜教員學生宿舍。然皆無實據。獨於伍漢持書案內搜出美洲崔某寄伍函。有「今日欲謀革命非革命思想普遍人心不可」一語。遂指爲與革命黨人來往之憑據。竟將伍拘去。是夜學生驚恐異常。多不敢返校。獨予則終夜將劉思復遺書用羅馬字拚音譯出。以備將來發表。而原函則焚去。不敢藏。恐再來搜查也。至翌日。學校忽接署名黃谷山者送來一函。字用鉛筆寫。內云「鳳翔書院巷內之溺缸下有炸彈二枚請急取去免傷害他人」等語。予疑此函。必係來校報傷之偉丈夫所發。

然予輩每有舉動。尙在警察監視之中。故置諸不理。劉入韜美醫院後。經審訊數次。不肯供招眞姓名。無何其未婚妻丁湘田到院探病。世人始知李德山卽劉思復。劉旣全愈。當道因無左證。飭令解囘香山原籍監禁。伍漢持則由法政學校校長教員聯名禀保。始獲開釋。劉至己酉年秋間。由陳景華設法營救。得以出獄。旋赴香港。港中同盟會同志馮自由謝英伯等開會歡迎于愉園。予適與會。因詳詢劉以當日情形。始明眞象。蓋劉蓄志暗殺已久。是日實欲伺李準囘天香街公館。路必經舊倉巷。乘間轟炸之。其炸彈所以失手。係因已製成一枚置于床畔氊角上。尙有一枚予炸藥傾入彈內之後。一時不愼。偶有少許藥粉散落彈口螺紋上。于旋轉裝置時。因受摩擦。故突然轟炸也。予後聞謝良牧言。所述偉丈夫其人者。係廣東五華縣人。姓張名谷山　面貌魁梧。豪俠好義。好讀書。曾補廩。平時熱心革命。創設學校于嘉應府城。特編輯種族歷史。親授學生。藉以灌溉革命思想于學生腦中。嘉屬革命黨之多。張與有力焉。其後由謝逸橋介紹入同盟會。進行益力。旋至廣州。與姚雨平謀商革命進行。寄宿鳳翔書院。將有所圖。因劉案發生。被當局通緝。遂囘鄉暫避　辛亥歲粵省光復。惠州嘉應各屬先後爲黨人佔領。張之力爲多云。

焉。

出獄後之事業　劉繫香山縣城監獄者兩載。已酉夏陳景華自暹羅歸香港。焉自由知陳與豪紳江孔殷有舊。乃托陳爲劉設法營救。江孔殷受陳托。因向當道說項。而出劉于獄。劉至香港。同盟會諸同志開會于愉園以歡迎之。辛亥八月武漢起義。粵中黨人亟謀響應。劉與莫紀彭林君復等首先運動駐香山前山鎮之新軍反正。自稱香軍。旋率兵向廣州。聞張鳴岐出走。胡漢民已任都督。遂放棄兵權。不問政事。隱居于西湖白雲菴者逾月。復鑒于舊時同志之熱中權利。乃發憤宣傳無政府主義。以爲敝蓰功名之倡。初創設晦鳴學社發佈各種宣傳品。繼又組織心社于廣州。實行（一）不食肉（二）不飲酒（三）不吸煙（四）不用僕役（五）不婚姻（六）不稱族姓（七）不作官吏（八）不坐轎及人力車（九）不作議員（十）不入政黨（十一）不作海陸軍人（十二）不奉宗教之十二戒約。癸丑八月龍濟光入粵。晦鳴學社被封。劉乃移居上海。編印民聲雜誌。專提倡無政府主義及世界語。甲寅民國四年三月以積勞成肺疾。卒于醫院。時年三十有一。民聲社諸同志特爲營擇墓地于西湖烟霞洞旁。

第三十九章　南洋華僑與革命運動

南洋革命黨之起源　楊衢雲與尤列　保皇會與天南新報　圖南報之發起　秦力山之通信　同盟會之成立　孫中山之通信　馮自由之通信　南洋總匯報之分裂　中興報之繼起　星洲晨報與書報社　振武善社之武劇　南洋支部之新章　安置河口敗兵之困難　七洲府之黨務　緬甸之黨務　荷屬之黨務　越南之黨務　暹羅之黨務　菲律濱之黨務　澳洲之黨務　英屬之書報社　荷屬之書報社　支部移庇能之經過　黃花岡一役籌款之經過　黃興趙聲之通信　辛亥光復之助餉

南洋革命黨之起源　南洋二字之界說。解釋各有不同。從狹義言之。則專限于英荷二國屬**地之**南洋羣島。從廣義及通俗言之。則此二字之範圍至廣。凡英荷二屬羣島，菲律濱羣島，**大洋洲**羣島，以及越南暹羅緬甸印度諸國。皆可統稱之曰南洋。本書所載革命黨之南洋運動。卽從廣義及通俗而言也。攷我國革命黨之初到南洋英荷兩屬。實在明末清初。其時明之君臣及鄭成功父子先後失敗于閩粤台灣各地。其遺臣義士遂多亡命于馬來由半島及爪哇羣島。此輩足跡所及。輒組織祕密社會。以散播其反清復明之種子。卽所謂洪門之三合會或義興會是也。嗣太平天國失敗。洪楊部將咸借南洋爲逋逃藪。於是黨勢日盛。凡有華僑所到之地。莫不有義興會所之設立。會員達數百萬人。惟人數旣衆。流品日雜。所謂斬奸救國之誓詞。僅成聯盟拜會之口頭禪。而好勇鬥狠之事。所在多有。甚至各立門戶。有同敵國。仇殺械鬥。報不絕書。因之遂爲當地政府下令解散團體。幷沒收其公積金。新加坡埠（又稱星洲或叻埠）義興福興等會嘗存貯公積金百萬以上。卽以聚衆械鬥案爲當地政府所沒收焉。自是各地政府咸懸爲禁令。不許義興會公然設立會所。然此輩仍巧立名目。密設各種機關。尤以農工二界爲盛。其不忘宗國者。則仍與閩之漳泉粤之惠潮嘉等處黨人互通消息。時時助以軍械及餉項。淸末光宣之間。閩南粤東各縣時有會黨揭竿起事。實以南洋黨人接濟之力爲多。又各埠義興會產業未遭當地政府查抄者。祇有柔佛一處。所値約數十萬元。曾由陳楚楠等勸其撥充革命軍用。因其辦事人乏愛國心。故運動無效云。

楊衢雲與尤列　乙未興中會在廣州起義失敗。其首領楊衢雲于是年十一月從香港至南非洲。沿途經西貢新加坡麥特拉斯科侖布各商埠。交結其地義興會會員。勸令加入興中會。時義興會會員附從者頗不乏人。南非洲之督尼士堡及彼得馬尼士堡等處且有興中分會之建設。然自

"THIEN NAN SHIN PAO." SINGAPORE.
天南新報

天南新報初版攝影

丙申十月楊離南非赴日本之後。各地黨務以乏人主持。陸續解散。庚子六月孫中山因日本同志宮崎寅藏爲康有爲搆陷入獄。特由西貢至新加坡營救。賴醫學博士林文慶代向英吏說項。得以無事出境。中山昔年曾在倫敦與林訂交。故是役大得其助。然其時林固非黨員也。庚子閏八月惠州革命軍失敗。其將領黃福黃耀廷鄧子瑜等均逃至星洲。興中會員尤列亦跟踪而至。旋在牛車水單邊街懸壺問世。華僑佩其醫術。多稱道之。尤漸向義興會團體及農工二界鼓吹革命排滿。聞者多爲感動。旋發起中和堂于

叻埠爲進行機關。分會遍設吉隆坡怡保壩羅庇能各埠。從者日衆。保皇會機關之天南新報記者黃世仲黃伯耀康蔭田等亦加入中和堂爲會員。世仲且投函香港中國報自薦。遂由中國報延任筆政。中和堂會所所懸之旗幟卽爲惠州革命軍所用之青天白日旗。吾國人所設公共團體。公然以青天白日爲國徽者。當以中和堂爲最早。

陳楚楠肖像

保皇會與天南新報　戊戌政變後。康有爲首倡保皇會于北美。復親至新加坡組織分會。富商邱菽園率先從之遊。且醵資鉅萬。爲起兵勤王之需。梁啓田歐榘甲梁啓超湯覺頓葉覺邁等先後至南洋相助爲理。其發行書報則有清議報知新報文與報戊戌政變記等等。故僑商是時加入保皇黨者頗衆。及漢口勤王軍敗。邱菽園以華僑義捐用途不明。漸起非議。唐才常諸友如秦力山朱菱溪陳桃癡等咸至星洲向康有爲算賬。康無以應。而保皇會之騙局乃益暴露。僑商之入彀者。至是始漸脫離康黨關係。而改趨革命一途。

圖南報之發起　新加坡富商陳楚楠別號思明州之少年。閩之同安縣廈門人也。有商店曰合春號。營木廠及罐菓業。與其友潮州饒平人新長美布疋店主人張永福。及張之外甥林義順。咸具革命思想。初納交于邱菽園。得閱清議報開智錄新民叢報等書報。漸醉心新學。癸卯閏五月上海蘇報案起。楚楠永福義順等激于義憤。因與所設小桃源俱樂部諸友聯名致電駐滬英領事。請援保護國事犯條例。勿引渡章鄒。是爲南洋華僑同情革命之第一聲。其後復集資翻印革命軍五千冊。改名圖存篇。設法輸入漳泉潮梅各鄉鎮。分送士商各界。收效甚著。繼以提倡革命。非創設報館不可。乃由陳張二人出資組織圖南日報。爲言論機關。初由天南新報記者黃伯耀介紹陳張于尤列。復由尤薦引香港鄭貫一爲該報主筆。鄭以方籌辦廣東報辭。乃改聘中國報記者陳詩仲承乏。黃伯耀康蔭田等均任編輯。該報籌辦于癸卯秋冬間。至甲辰春始出版。其報社設于福建街二十一號。第一日由尤列作發刊詞。署名吳興季子。初以風氣未開。頗惹各商

林義順肖像

店反對。僅銷售三十餘份。尋人心日漸歸附。乃遞增至二千數百份。乙巳冬。圖南報辦事人爲華僑馮夏威身殉美約事。發起追悼會于仁濟醫院。先期預請當地華民政務司批准開會。英官謂必須尤列不到會始可照准。楚楠等許之。尤聞之大憤。及期先到會場。登壇演說。痛言遷就外人之非。聞者大鼓掌。英吏無如之何也。時有英船載運政府定購之美貨至叻埠。碼頭苦力激于愛國大義。咸拒絕起運。華民政務司乃商諸譯員何式寬。何曰。若得陳楚楠張永福二君代向碼頭工人疏通。當易爲力。英吏遂延陳張至署。請其設法勸告各工人勿抵制美貨。陳張嚴詞謝絕。英吏謂祇須君等具名解釋英輪所載美貨乃政府先期定購之用品。與尋常商貨不同。卽生效力。不必爲勸告工人語亦可。陳張勉爲署名。此項公告張貼後。不及半日。英輪之貨完全卸陸。英吏聞之。始知圖南報對于社會之勢力。咸爲詫異不置。

秦力山之通信　湘人秦力山于庚子大通起事兵敗後。再渡日本。乙巳春藉中國報記者黃世仲之介紹。欲到新加坡訪陳楚楠。抵坡後。因病不果。及痊愈。卽匆匆赴緬甸。瀕行留書楚楠道歉。是年六月間復由滇邊致函詳述往事。前後兩函均有史料之價值。附錄如左。（二函均陳楚楠藏）

（其一）楚楠智者大鑒。久耳公名。頗深渴慕。（自港來時黃君世仲以函介紹見君）玆以事過星坡。初以爲識思明州之少年同志矣。然微聞內地志士南來。志存運動者不鮮。以是

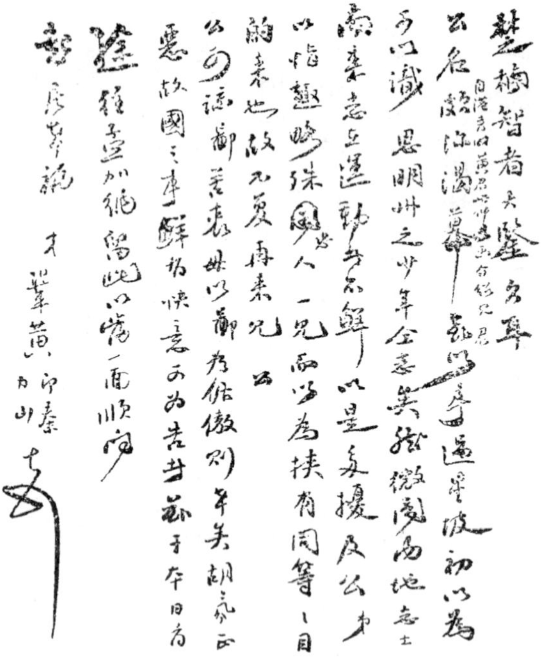

秦力山致陳楚楠書之一

多擾及公。弟以旨趣路殊。恐人一見而以爲挾有同等之目的來也。故不復再來見公。公可諒鄙衷。毋以鄙爲倨傲。則幸矣。胡氛甚惡。故國之事鮮有快意可爲告者。茲于本日首途往暹加納。留以當一面。順問起居萬福。

弟輩黃卽秦力山頓

(其二)楚楠先生侊鑒。往歲在港濕間。嘗聞有思明州少年者。非常傾慕。今春道過星洲。在港起程時。世仲再三言公見義勇爲，囑必奉訪。幷致書乃兄伯耀介紹。不料抵星後。驟因病發。滯仁濟月餘。從未嘗出門。又因言語不通。公邸復遠。俟病瘥後。匆匆下船。但以一書交鄭道歉。想已達覽矣。交臂之失。罪在不赦。(是日已與公相見。公在仁濟抱少君就診。至去後始爲告知)鄙人以已亥秋間東渡讀書。明年北行運動挙匪不行。旋

南赴漢中。與林君述唐創富有一局。秋間率偏師舉旗大通。與滿師轉戰三次。尋敗。繼
而漢局全隳。其年九月以逼處不得已。燒彼南京之大軍械局。（馬鞍山）是時網羅日逼
。遂來星埠見聖人于庇能。始知其爲拐騙。乃絕交去。又至日本居兩年半歸。再創設少
年中國報。以短于資本。不數月罷去。遂往來長江兩年。去年往來廣東三次。臘月在省
城被李準搜索。（疑爲保黨之所爲）行時又僅存一人。所有行李淨盡。今年原欲入龍州
。因友人梁君鎮堂二月初四被捕。所謀成水泡。遂來滇省。頃擬由陸入川。所謀數事。
未得十分頭緒。將來能往與否。須數月後始知之。近得港中新聞。閱悉爲詩仲辯誣一段
中國報所載者。詩仲弟向不見面。秋間叻報大肆簧鼓。弟在坡時。已在貴報與駁詰數次。不料
保黨復以相陷。康徒毒燄久已燎原。弟於此尤爲深恨。頃著有說革命。已寄贈仰報。貴處
原有仰報。故未寄來。（仰報但銷數千份）此書若在貴報重登。仰報無版權係弟贈與者 或得照鄒書一
例。能繙刻成本送人尤妙也。共有六七萬字 惟此書成于十二日之內。（以弟先欲入川恐趕不及
）多有理論未完全之處。將來公如肯俯就一災棗黎。望囑詩耀兩兄爲之校斧。或于同胞
之理論與條理。均不無小補。弟因鄒書徒事謾罵而不言理。故不得已而有此作也。書中
駁詰康黨之處甚多。可一懲其煩燄。餘詳伯耀函中。不縷不縷。敬請毅安。　弟秦力山

丙午孫中山與新加坡同盟會幹事合照

張秉庚　林義順
黃耀廷　劉金聲
鄧子瑜　尤　列
陳　和　孫中山
張　繼　陳楚楠
張華丹　張永福
吳悟叟　林幹廷

頓中六月二十一日自雲南邊界孫君逸仙自巴黎來信。言六月過星。約相待一見。惜弟已來緬甸矣。想足下已見之矣。又弟以行止未定。前途茫杳。如承復書。竟無可達之處。如目的已達。即將由滇而蜀。復自長江東下。否

新加坡同盟會會所晚晴園攝影

則將來或有見面之日也。

同盟會之成立　甲辰中山在美獲讀圖南日報。知革命種子已傳播于南洋羣島。特移書尤列。查詢爲何人所設辦。乙巳六月由歐洲取道赴日。途中自科侖布致電尤列。囑介紹圖南報諸同志相見。迨船抵星埠。尤引楚楠永福義順諸人登輪求謁。并歡迎上陸共商國事。中山以當地政府五年不許入境禁令尚未期滿辭之。并謂在歐時。德法比諸國留學生已成立革命黨團體。此次到日本。即當組織革命黨總部。南洋各埠可設分會。不日當由日本寄來章程及辦法。囑各人預爲籌備。楚楠等從之。中山抵日。遂于是年七月與黃克強馮自由等發起中國同盟會于東京。是年冬復偕胡毅生黎仲實鄧慕韓等取道赴越南西貢。旋至星洲。適是時五年不得入境之期已滿。諸同志遂歡迎登陸。尋倡設同盟分會。爲南洋英荷兩屬之革命總機關部。假晚晴園爲會所。初次開會加盟者。有陳楚楠張永福林義順許子麟劉金聲黃耀廷鄭子瑜等十二人。公舉楚楠爲會長。永福副之。許子麟爲會記。林義順爲交際。於是規模漸具。會員日衆。更逐漸增設分會于英荷二屬各埠。而革命思潮遂瀰漫于南洋羣島矣。查同盟會員在新加坡入會及註冊者。前後實不滿五百人。今就所知者。錄列其姓名于左。

新加坡中國同盟會會員姓名表

陳楚楠	趙金鼎	李肇基	李曉生	張玉清	蔡漢亮	劉任臣	張永福
趙金生	吳海逵	詹承坡	丘得松	陳逸叟	許夢芝	林義順	陳競儔
陳梅坡	黎仲西	王金鍊	洪芊蛋	陳子纓	許子麟	鄭聘廷	符養華
楊振文	張振東	吳灶安	陳秋圃	鄧子瑜	趙鈞溪	鄧　毅	張愼初
陳照和	吳業琛	盧禮朋	劉金聲	蔣玉田	杜輝漢	王寸丹	符天一
余旣成	唐璧初	黃耀庭	謝坤林	張欣然	黃崇享	丘煥文	余　通
陳夢梅	吳悟叟	留鴻石	王竹三	陳天成	張盛忠	李春榮	符日明
林幹廷	盧耀堂	符開祥	盧蕈航	謝儀仲	吳金彪	王華廷	謝心準

葉玉桑　李子偉　杜之華　邵南棠　葉心齋　胡少翰　何心田　葉耀庭
吳一鳴　梁允祺　蘇漢忠　陳湧波　符益華　何德如　柯蘆生　陳文乾
梁允煊　呂子英　許駿聲　陳松江　劉匕輝　鄧提摩太　陳翼扶　陳裕光
何沛霖　蘇彬廷　郭奇嘉　林受之　孫辛友　李玉堦　張志華　李凌溪
汪聲音　陳金寺　陳夢桃　李幼樵　許子偉　劉伯浚　李聲餘　蕭竹漪
陳　笑　黃乃裳　吳逢超　郭蒓卿　藍來喜　黃康衢　郭俊人　沈子琴
陳子麥　鄭古悅　何子因　柯西成　黃淸讀　丘宗岱　周紀明　許雪秋
淙長生　楊蓉史　黃甘松　鄭祝三　余佑宗　林立宗　魏謂同　劉凌蒼
沈聯芳　丘繼顯　林希俠　劉婉娘　杜　棠　陳武烈　陳芸生　符愛周
李思明　周獻瑞　符兆光　郭民波　陳禎祥　葉敦仁　王士先　辜景雲
許雲德　王漢光　黃景瓜　林鏡秋　張漣士　張仁南　李鏡仁　林文慶
余天中　石養性　許伯軒　陳信藩　胡雲舫　李普仁　陳嘉庚　楊柳堂
杜青藜　林航葦　丘醒虎　方瑞麟　潘兆鵬　丘國瓦　黃廷光　吳炳光
郭淵谷　李爾梓　蘇珊玉　蕭百川　李光墉　陳雪軒　李光前　黃吉宸

蔡蘭谷　蘇　聯　吳逸亭　林芳亭　柯漢臣　莊碧峯　陳先進　陳詠商
姚頌民　趙克庵　鄭　金　陳書臣　曾紀德　胡伯驤　沈飛龍　陳毓卿
周如切　林裕成　周升翹　徐雪濤　朱觀捷　鄭子輝　藍禹甸　黃甘禮
蔣德九　王漢忠　盧榮宗　褚民誼　王雨若　吳應培　謝已原　陳裕義
王漢天　余御言　陸秋露　周之貞　蕭子璇　吳熾寰　陳文俊　王　裔
陳天一　李竹癡　李漢卿　何海星　蘇德天　沈文光　沈德龍　楊俠生
鄭　愛　張是富　何仲英　康蔭田　胡亭川　李　燦　何達基　李炳輝
李文楷　黃鶴鳴　杜鳳書　勞　培　羅　幹　周　華　羅仲霍　方漢成
劉克明　劉靜山　湯秀山　楊阿洛　楊鳥龍　楊國民　譚少軍　陳寬抑
方雲藻　徐統雄

孫中山之通信　中山與新加坡同志發生關係。實在乙巳年六月。其時中山自歐洲乘法國郵船東返。過星時曾約尤列陳楚楠張永福林義順登輪一見。及船過西貢。復致書楚楠報告情形。自後彼此通訊不絕。而南洋黨務遂益發達。楚楠等現藏中山函牘多件。茲擇錄二通如左。

（其一）乙巳年七月七日函

孫中山致陳楚楠書之二

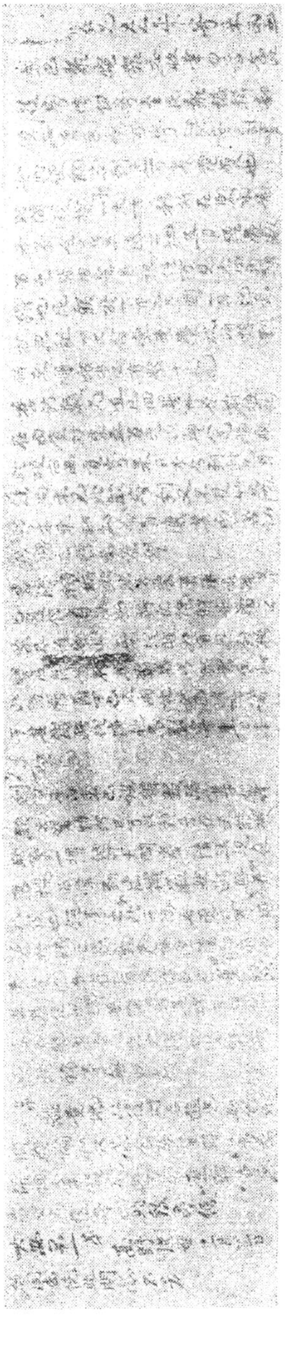

楚楠仁兄大人足下。星洲一會。欣慰生平。惜爲時匆匆。不能暢叙一切。爲憾。弟今不停西貢。直往日本。先查探東方機局。以定方針。方針一定。再來南地。以招集同志。合成大團。以圖早日發動。今日時機已熟。若不再發。恐時不我待。則千古一時之會恐不再來也。日前所言林氏之親戚。祈將其姓名住址詳開寄我。以得有便。或請他來。今或派人往見他。以聯合閩廣。而共大事。有信寄橫濱如左之住址便妥。

日本橫濱郵箱二百六十一號黎炳垣先生轉交孫逸仙醫生

西貢人心亦大開。已有同志欲創一報館於此。以聯絡各埠之聲氣。惟不知辦法及欠人員。弟今許助補此兩缺點。大約二三個月後由東京南回。則此事可以成矣。此亦一可喜之事也。匆匆不盡。餘俟再報。此致即候大安不一。各位同志統此問好不另。

弟中山謹啓。七月七號西貢發

(其二)丙午十一月二十二日函

楚楠仁兄大人足下。寄來兩函並巴黎電報。妥收。幸勿爲念。以後寄信仍寄至民報編輯部便妥。有急電可寄東京民報。如此便能交到。且可省電費也。此間現擬設一大事務所在東京。爲各省會員交通之地。每月經費數百元。皆由會員担任。可見人心之踴躍也。民報于下月二號開一年紀元祝典。租一大會堂爲慶祝所。想到時來會者當有數千人也。李竹癡兄近已回星洲否。前彼約在西貢打票五百元。以邱八兄而取此項。由西貢寄來日本。今到此已月餘。尙未見此款寄到。又不見竹兄有信來。未知邱兄有應其票否。祈爲詢之。復示爲望。吉隆檳城兩地之票有沽去否。弟已發信着他即行止絕。將來沽之票盡行寄回足下代收。如有寄到。務望收存爲荷。其數幾何。祈爲示知。以待發落可也。又兩地如已沽去若干。其錢務代催他盡數寄來日本弟收可也。到日本以來。已謀得數路有可籌款之望。惟何日可以到手。仍未能決。此事一得。便可大開拳。淸庭現在恐慌非常。到處戒嚴。然斷無如吾人何也。領事之如此干涉吾黨之事。固爲歐賊(按即歐榘甲)所慫動。而亦爲清政府之號令也。各省督撫亦如是。由北京以去其位。現近日恐無從得其機。然想彼等亦不能爲吾人之大礙也。若能去歐賊。諸事無妨矣。弟離貴地以後。同志進步如何。外間輿論如何。甚念。務望時時示悉。所詢章程批好否。當查幹事。另當公函復答也。此致卽候大安不一。 弟高野謹啓十一月廿二日 各同志統此問候不另

馮自由之通信 新加坡埠與香港交通最便。故南洋黨務與香港中國報及同盟會關係亦最密。甲辰開辦圖南報。及丙午開辦中興報。均委托中國報以購辦印刷機件及延聘記者等事。卽英荷兩屬各學堂之聘用教習。亦多由馮自由代聘之也。陳楚楠等現藏馮自

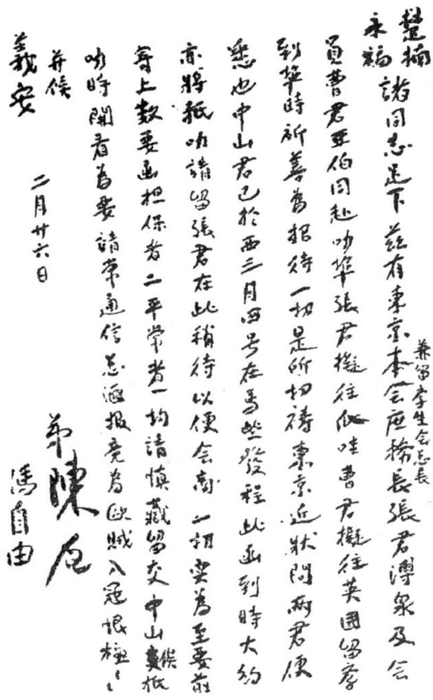
楚楠
永福 諸同志足下 茲有東京本會庶務長(兼留學生會總長)張君溥泉及會員曹君亞伯同赴叻埠張君擬往爪哇曹君擬往英國留學到埠時祈善為招待一切是所切禱東京近狀問兩君便悉也中山君已於西三月四號在馬塞發程此函到時大約亦將抵叻請留張君在此稍待以便會商一切更為至要前寄上數要函擔保者二平常者一均請慎藏留交中山俟抵叻時閱看為要請常通信悉滙報免為歐賊入遲恨極〻
并候
義安
二月廿六日
弟陳白
馮自由

陳白馮自由致南洋同志書

由函牘多件。茲擇錄三通如左。

(其一)丙午二月廿六日函

楚楠永福諸同志足下。茲有本會庶務長張君溥泉及會員曹君亞伯同赴叻埠。張君擬往爪

哇。曹君擬往英國留學。到埠時祈善爲招待一切。是所切禱。東京近狀問兩君便悉也。

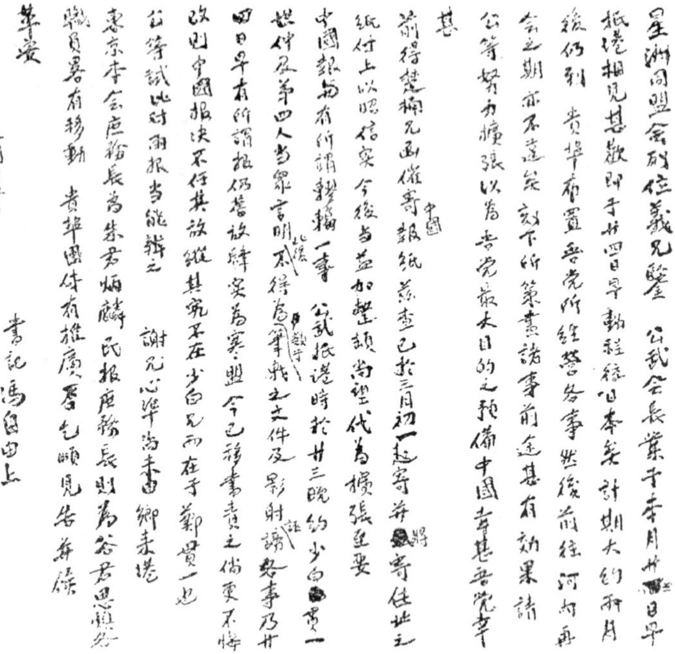
星洲同盟會列位義兄鑒　公武會長業于本月廿三日早
抵港相見甚歡即于廿四日早動程往日本矣計期大約兩月
後仍到　貴埠布置吾黨所經營各事然後前往河内再
會之期亦不遠矣　致下所策畫諸事前途甚有効果請
公等努力擴張以爲吾黨最大目的之預備中國幸甚吾黨幸
甚
前得楚楠兄函催寄中國報紙　茲查已於三月初一起寄并將寄住址之
紙付上以昭信實　今後當益加整頓　尚望代爲擴張至要
中國報前有所謂轉輸一事　公武抵港時於廿三晚約少白貫一
世仲及弟四人當衆言明　不得爲北京之文件及影射語等事乃廿
四日早有所謂報仍舊放肆　實爲寒盟　今已移書責之　倘更不悔
改則中國報決不任其放縱　其究不在少白兄而在于鄭貫一也
公等試比對兩報當能辨之　　謝兄心準尚未由鄉來港
東京李會庶務長爲朱君炳麟　民報庶務長則爲谷君思慎　分
職員略有移動　貴埠團體有推廣否　乞順見告爲候
革安
三月廿五日　　書記　馮自由　上
香港中國同盟會　公啟

香港同盟會致星洲同盟會書

中山君已於西三月四號在馬些發程。此函到時。大約亦將抵叻。請留張君在此稍待。以便會商一切。實爲至要。前寄上數要函。担保者二。平常者一。均請慎藏留交中山、俟抵叻時開看爲要。請常通信。總匯報竟爲歐賊入冦。恨極恨極。并候義安。

二月廿六日弟陳白馮自由

(其二)丙午三月廿五日函

星洲同盟會列位義兄鑒。公武（南洋會員向稱中山爲公武）會長業于本月廿三日早抵港。相見甚歡。即于廿四日動程往日本矣。計期大約兩月後仍到貴埠布置吾黨所經營各事。然後前往河內。再會之期。亦不遠矣。刻下所策畫諸事。前途甚有成效。請公等努力擴張。以為吾黨最大目的之預備。中國幸甚。吾黨幸甚。前得楚楠兄函催寄中國報紙。茲查已于三月初一起寄。并將寄地址之紙付上。以昭信實。今後當益加整頓。尚望代為擴張為要。中國報與有所謂轇轕一事。公武抵港時。於廿三晚約少白貫一世仲及弟

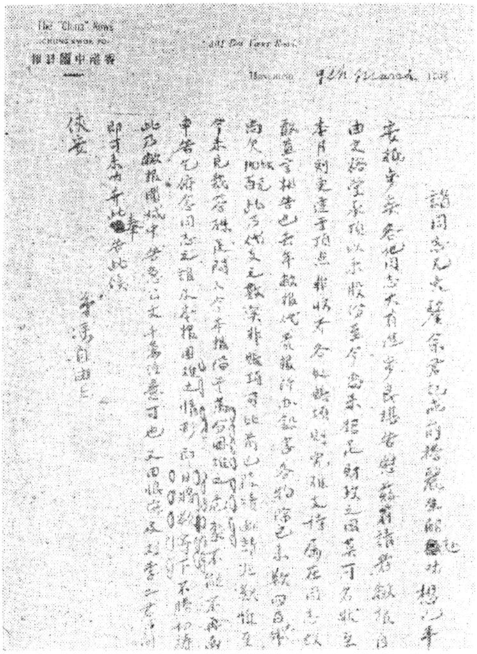

馮自由致南洋同志書

四人。當衆言明此後不得為類于筆戰之文件及影射詆謗各事。乃廿四日早有所謂報仍舊放肆。實為寒盟。今已移書責之。倘更不悔改。則中國報決不任其放縱。其咎不在少白。而在于鄭貫一也。公等試比對兩報當能辨之。謝君心準尚未由鄉來港。東京本會庶務長為朱君炳麟。民報庶務長則為谷君思慎。各職員略有移動。貴埠團體有推廣否。乞順見告。并候董安。

三月廿五日香港中國同盟會公啓書記馮自由

(其三)戊申西三月九號函

楚楠永福義順諸同志兄大鑒。余君記成前日搭麗生船赴叻。想已平安抵埗矣。各地同志大有進步。良堪告慰。茲有請者。敝報自由文裕堂承頂以來。股份至今尚未招足。財政之困。莫可言狀。至本月則更達于頂點。非收齊各處賬項。則究難支持。屬在同志。故敢直言奉告也。去年敝報代貴報所辦鉛字各物。除已來款四百元外。尚欠一百九十一元八毛九仙。此乃代支之款。實非賬項可比。前已陸續函請歸款。惟至今未見裁答。殊足悶人。今本報陷于萬分困難之危象。不能不再函申告。乞俯念同志之誼。及本報困難之情形。即日將款寄下。不勝切禱。此乃敝報圍城中告急公文。千萬注意可也。又田恨海及劉李二君日間即可來叻。并此奉告。此候俠安。　弟馮自由上　西三月九號

南洋總匯報之分裂　圖南報出版後。南洋各埠保皇會日漸衰退。加以陳楚楠所設之合春號及許子麟所設振源棧。各担任推銷革命書報。如中國報浙江潮湖北學生界江蘇民報洞庭波鵑聲革命先鋒楊州十日記嘉定屠城記亡國慘記等等。均爭相購讀。風行一時。華僑知識遂益進步不已。惟圖南報資本向爲陳張二人所担負。開辦之初。所耗已逾萬金。及添設印務。虧負益多。維持二年。支出不下三萬元。卒以周轉不靈而致停版。圖南報既歇業。陳張復于乙巳秋間

聯絡許子麟沈聯芳陳雲秋諸人創設南洋總匯報。以爲之機。東京民報且爲之登報介紹焉。是報爲革命派及商人派資本各半。雲秋素主中立。胆小如鼷。力誡辦事人不得登載激烈文字。而偏輯人不之恤。仍高談革命如故。至丙午春。雲秋遂提出拆股承讓之議。後乃改爲抽籤。卽由抽得者接受報業。結果爲雲秋一派所得。雲秋復約保皇會員朱子佩加股合辦。而總匯報遂成保皇會一純粹機關報矣。其後康徒歐榘甲徐勤伍憲子等卽憑藉此報與革命黨爲敵。

中興報初版攝影

中興報之繼起　中興報發刊于丁未七月十二日。發起人爲陳楚楠張永福林義順許子麟陳先進鄧子瑜沈聯芳等。初由馮自由代聘中國報記者何子耀司理筆政。何以事辭職。乃改延田桐王斧承之。出版未久。卽與總匯報爲革命論與立憲論之大筆戰。先後主筆政者。尚有居正陶成章胡漢民林時塽汪精衛方瑞麟林希俠張西林周杜鵑何德如胡伯驤諸人。任事者則有林義順鄧慕韓蕭百川湯百合吳悟叟周華羅仲霍諸人。當兩報筆戰時。中山適由越南移居星洲。寓東陵東明律一一一號。民報諸記者亦聯翩而至。一齊加入戰線。故是時論壇爭辯之劇。殊不讓于香港中國報與商報及東京民報與新民叢報之激戰也。時中興報銷數達四千餘份。各埠僑民直接受其感化。實非淺鮮。及己酉中山離星赴歐。陳楚楠以歷年爲革命耗貲。發生兄弟爭產涉訟事。無力兼顧黨務。張永福亦因商務虧折。幾致破產。中興報負債纍纍。屢次招股。均隨手輒盡。無法抵欠。遂于庚戌夏間停版歇業。聞者惜之。

星洲晨報與書報社　繼中興報而起者爲星洲晨報。亦同盟會員周之貞謝心準所辦。未及一年卽已停版。更有星洲書報社者。成立于壬寅年。其倡辦人爲鄭聘廷。社址初設于吉甯街。乙巳年乃遷至丹絨巴葛禮拜堂樓上。

星洲書報社攝影

社中陳列各種書報。任人瀏覽。中以革命書報爲多。亦宣傳革命機關之一也。戊申黨員何心田何德如胡兆鵬胡亭川等更創設開明演說閱報社。按期敦請民黨名流演說革命眞理。實開南洋風氣之先。更有郭淵谷康蔭田何蘆生謝坤林沈飛龍周獻瑞陳鐵漢何心田何柏軒吳逢超何海星陳毓卿何海涂諸人組織演講隊。每星期日在各通衢爲露天演說。慷慨激昂。聞者感動。辛亥春趙鈞溪潘兆鵬張仁南劉七輝劉淩蒼劉任臣郭淵谷許伯軒謝坤林鄭子輝吳一鳴許夢芝等復發起同德書報社于亞來良街。嗣後南洋各埠書報社相繼成立。均與革命黨員有直接間接之關係。是年夏間黃吉辰盧耀堂等發刊南僑日報爲中興報之後繼。時在武昌起義前數月云。

振武善社之武劇　振武善社爲勸導戒煙之團體。會員不分黨派。一慈善性質之公共機關也。戊申某月。保皇會員徐勤伍憲子等假座該社開設星洲政聞分社成立會。革命黨員知之。遂有孫眉田桐鄧子瑜等數十人先到會場。謀破壞其事。開會時。徐勤首先報告清廷預備立憲。及該社設立理由。發言未畢。孫田鄧等卽大聲喝打。一擁而登講壇。向徐勤亂毆。徐略受傷。狼狽逃下。會場遂一鬨而散。經此役後。保皇會遂不敢再有公然開會情事。是年十一月清帝后逝世。保皇黨開會追悼。清領事亦通告各商店。令休業一天。以誌哀感。革命黨員所設商店咸一笑置之。遂有保皇黨人以貲賄使無賴多人。向何心田藥店擲石行兇。卒爲警察干涉制止。而致涉訟。後由英吏判令無賴輩罰款謝罪。而何氏已損失不貲矣。當事起時。有華僑多人以保皇會商家主使暴動。咸欲乘機報復。聲勢洶洶。英輔政司恐釀事端。乃請中山彈壓所部。毋許生事。中山於是印刷告示多張。由警察代爲張貼。事乃平息。清領事及保皇黨人咸爲駭然。

南洋支部之新章　自星洲同盟會成立後。英荷二屬各地陸續組織分會或通信處者。有百數十埠。概歸星洲統轄。及戊申某月中山自河內移居星洲。更設立南洋支部。特派胡漢民爲支部長。另訂中國同盟會分會總章十六條及通信辦法三條。通告各處團體一律遵守。茲附錄南洋支部通告及同盟分會總章如左。

啓者。近年以來。南洋各處同志日多。各就所處結合團體。以實行宗旨。發展勢力。眞有蒸蒸日上之勢。殊可慶慰。今在星加坡設立南洋支部。欲使南洋各處團體，互相聯絡。以成統一。夫欲聯絡情誼。必以消息相通爲主。消息通則情誼洽。情誼洽。則協力相扶。同心共濟。而黨力滋偉。成事可望。故特定通信辦法三條如左。

(一)今將各處團體通信住址開單寄覽。以後至少每二個月互相通信一次。

(二)各處團體通信地址有移換時。須即通知南洋支部

(三)以後如續有新立團體。即由南洋支部(支部長胡漢民)發信通知。各處接信後即寄書新立之團體。賀其成立。且勉勵之。

以上三條望留心照辦。以團結同志之精神。廣通各處之情誼。是所至囑。此致

各埠同志兄鑒　　　　　　孫文謹啓

中國同盟分會總章

一，本會定名爲中國同盟會。直接受支部之統轄。

一，本會以實行贊助中國革命事業爲職志。

一，本會會員須謹奉宗旨。親寫盟書。當天宣誓。以表其誠。

一，本會公舉如下職員。以司理會中事務。

正會長一名　中文書記　名　理財　名　調查員　名

副會長一名　英文書記一名　核數一名　幹事員　名

一本會職員定例每年選舉一次。并每會員增至一倍時選舉一次。

一，本會員皆有選舉權及被選舉權。

一，當地會所及一切經費由會員均分担任。

一，凡會員皆有介紹同志入會之權。

一，凡會員能解釋宗旨明白者。皆可任爲主盟人。隨時隨地收接同志入會。

一，凡主盟人收接同志入會後。須將盟書繳交書記註册。由書記彙交支部收存。發給底號收執爲據。

一，凡會員旣完盡一己之義務。領有底號者。至革命成功之日。得列名爲中華民國創建員。以垂青史。而永誌念。

一，凡會員能介紹及主盟新同志十人者。記功一次。百人者記大功一次。至歲終計功。由會長宣勞嘉獎。並由支部代請本部總理給功牌表誌。至革命成功之日。得與軍士一體論功行賞。

一，本會欲使會衆團體密切。聲氣靈通。特仿革命軍隊編制之法。以組織會衆。其帙如左。（此條請卽施之實事）

以八人爲一排　內自舉排長一人　共八人

以三排爲一列　外自舉列長一人　共二十五人

以四列爲一隊　外自舉隊長一人　共一百零一人

以四隊爲一營　外自舉營長一人　共四百零五人

一，以各列長隊長營長等人員爲會衆之代表人

一，本會辦事各種詳細規則並特別專條。可隨時由職員招集各代表會議訂立。

一，本會各等規則專條。總以不違背支部號令及本會章程爲範圍。

（注意）組織會衆爲營爲隊爲列爲排一條爲極緊要。有此則會員之感情乃能密切。團體乃長堅固。不致如散沙。會中有事由職員通傳於各營長或各隊長。各轉傳於其所屬之隊或列長。則一人不過走報四人知。列長不過報四個排長。排長則報七八人知。如此工夫易做。若收月費。會員交于排長。排長交于列長。列長交與理財員。亦事簡而效大也。若不行此法。則他日每埠人多至一千或數千。則無人能遍識會員。而分會機關之職員。亦無從遍知各人之住址行踪也。故必當爲排列。一排長識其所交好之七人不爲難。一列長識三個排長更易。由營而隊而列。猶身之使臂。臂之使指。節節腦筋相連靈活也。

安置河口敗兵之困難　戊申河口革命軍失敗後。所有退入越南境內之將士關仁甫韋雲卿李祐卿關玉山等六百餘人概由法官撥送新加坡。抵坡時。英官初視爲亂民。不許登陸。後經越南總督致電坡督。聲明彼等係革命黨。應作國事犯看待。坡督始准上岸。惟仍押禁于拘留所。中山乃使中興報董事張永福延律師向英吏保釋。并派人招待一切。於是陳楚楠林受之許雪秋沈聯芳等屋宇及在振南街招待所皆收容幾滿。而給養尤形困難。敗兵中有索資返香港者。有病不能起者。有鬧事殺人而招警吏干涉者。有羣聚中興報及中山寓所討伙食者。尤列且因

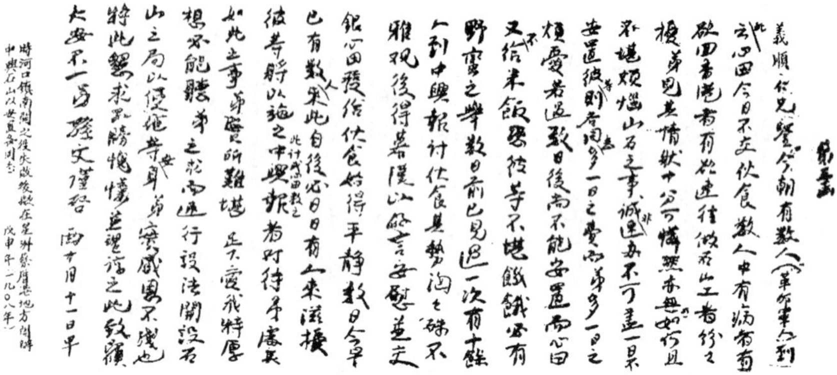

孫中山致林義順函

人命嫌疑案被牽涉訊問。於是中山乃命楚楠永福義順等創辦中興石山于蔡厝港。以安插河口敗兵。派周華經理其事。又爲介紹于吉隆坡怡保毗叻文島各埠礦山工廠農場。使各安生業。而衆心始安。茲附錄當日中山爲安插敗兵事致林義順函如下。

義順仁兄鑒。今朝有數人（革命軍人）到云。心田今日不交伙食。數人中有病者。有欲回香港者。有欲速往做石山工者。紛紛擾擾。弟見其情狀十分可憐。然亦無可如何。且不堪煩惱。石山之事。誠非速辦不可。蓋一日不安置彼等。則各同志多一日之費。而弟多一日之煩惱。若過數日後尚不能安置。而心田又不給米飯。恐彼等不堪飢餓。必有野蠻之舉。數日已前見過一次。有十餘人到中興報討伙食。其勢洶洶。殊不雅觀。後得慕漢以好言安慰。並交銀心田發給伙食。始得平靜數日。今早已有數人來此。自後必日日有人來滋擾。彼等將以施之中興報者（此計或心田教之）對待弟處矣。如此之事。弟實所難堪。足下愛我特厚。想必能聽弟之求。而速行設法開設石山之局。以使他等安身。弟實感恩不淺也。特此懇求。不勝愧慊。並望諒之。此致即候大安不一。

弟孫文謹啓西十月十一日早

七洲府之黨務　七洲府即英屬海峽殖民地之俗稱。凡新加坡庇能吉隆坡怡保吡叻壩羅大小各埠均屬之。丙午中山派陳楚楠林義順至庇能（又稱檳榔嶼）設立同盟分會。先後加盟者有吳世榮黃金慶辜立亭林志誠陳新政丘明昶薛木本陳民情徐洋溢呂毓甫王壽蘭丘有美林福全林如福丘文紹潘奕源丘能言鄭玉指徐宗漢陳璧君王德清鍾樂臣諸人。公舉吳世榮為正會長。黃金慶為副會長。翌年世榮等更發刊光華日報。延方次石周杜鵑熊越珊等為記者。提倡革命之功。不亞于中興報。而毅力且有過之。又有檳城書報社。設在甘榮園九十四號。亦為金慶等所組織。條理整然。足為南洋各埠書報社之模範。此外各埠分會。在吉隆坡則有陳占梅阮英舫阮卿雲阮德三王清江劉襟陸秋傑陸秋泰丘怡領王君贊陳秀蓮杜棠等。在怡保則有區愼剛李源水李孝章湯伯令鄭螺生梁燊楠劉業興黃怡益等。在芙蓉則有黃心持譚容蔡熾三朱赤霓伍熹石等。在瓜勝卑那則有鄧澤如等。在麻六甲則有李月池沈鴻柏等。在關丹則有陸秋露等。在金寶則有楊朝棟等。在林明則有馮子芸等。在太平則有陸文輝陳志安等。在式叻則有鄧清泉等。在麻坡則有湯壽山劉靜山等。在砂朥越則有羅從謙蕭春生李振殿等。於是凡華僑所到之地。幾莫不有同盟會員之足跡。

緬甸之黨務　保皇會在緬甸仰光埠設有分會。其會長爲閩省富商莊銀安。甲辰年發刊仰光新報。主張立憲。與新加坡之天南新報互相呼應。乙巳春。秦力山至緬謁銀安。痛言康梁棍騙華僑及保皇立憲之非。銀安豁然覺悟。而仰光新報之論調亦一變。力山復撰說革命一文登諸仰報。洋洋六七萬言。異常透闢。其後力山赴滇邊運動土司刀沛生等起兵反清。各土司頗爲所動。未幾力山以染瘴得病身死。所謀事遂成水泡。丁未中興日報派林義順許子麟至緬招股。略有所得。越年戊申中山派汪精衛吳應培在仰光設立同盟分會。先後加盟者有莊銀安張永福（非新加坡之張永福）楊昭諧陳金在徐贊周陳春源周卓林陳鍾靈饒潛川周希堯黃子瑞李德成李慶標李宣琳諸人。舉銀安爲會長。時仰光日報已停辦。乃由銀安等集資開辦光華日報。由呂志伊居正楊振鴻陶成章等迭任筆政。發揮民族民權民生三大主義。甚爲華僑歡迎。旋因事改組。易名進化報。消路不減于前。此外緬屬各埠團體。仰光有覺民書報社。瓦城有振漢書報社。惹新亞沙漢埠有維華書報社。勃生埠有漢興書報社。勃臥埠有培民書報社。且老埠有新民書報社。靡洛棉埠有漢聲書報社。均爲同盟會員所組織。

荷屬之黨務

荷屬各地同盟會初爲謝良牧李杜中李天隣曾連慶陳方度梁墨菴等所組織。因避荷官干涉。多稱書報社。或稱學堂。各地主持黨務者。泗水有劉亞泗。巴城有梁墨菴李天隣。八打威甲太有許金璋。文島梹港有溫慶武李杜中曾連慶。雙溪烈有黃慶元。勿里洋有伍連忠。勿里洞嗎吃埠有歐陽福成。武陵埠有徐雲興。流石埠有藍瑞元。日裏棉蘭有梁瑞祥歐水應李增輝。坤甸有沈復權。三寶壠有李載霖。此外各埠所設書報社百數十處。其著名者。則有蘇門答臘亞齊埠書報社坤甸圖存書報社泗水書報社三寶壠樂羣書報社老巴刹埠書報社野橫埠書報社巴城書報社日裏棉蘭華崇書報社日裏民裏中華書報社等等。又各埠黨員開設之報館。泗水有泗濱日報。及民鐸報。日裏棉蘭有蘇門答臘報。田桐曾任泗濱日報主筆。因著南國篇。涉及荷屬政治。竟爲爪哇政府勒令出境。丁未秋冬間。陶成章遍遊荷屬羣島。大倡光復會。李杜中曾連慶許雪秋陳芸生王文慶等助之。泗水富商蔣報和蔣報禮兄弟亦入其會。故勢力日盛。駸駸有取同盟會而代之之勢。戊申河口革命軍起事。汪精衛鄧子瑜奉中山命往荷屬籌餉。至文島時。大受光復會員反對。故收效甚微。庚戌冬。黃克強至南洋籌措廣州起義軍餉。力勸李柱中陳方度等捐除意見。合力籌款。幷派謝良牧曾伯諤劉芷芬等分頭募集。李陳等咸從其言。是役荷屬共募款三萬餘元。而同盟會已散渙之勢爲之一振。

越南之黨務　中山于壬寅河內博覽會開設時。曾至河內與法國當局有所協商。遂于是時結識華商楊壽彭黃隆生甄吉廷張奐池吳梓生諸人。及乙巳東京同盟會成立。河內海防西貢各地先後設置分會。河內料理黨務及傳達內外消息者爲廣東會館書記張奐池。來往同志多由其招待引導。丁未春中山自日本至河內。設總機關部于甘必達街六十一號。經營粵桂滇三省軍事。旅越僑商募捐餉項。爲數不貲。河內同志楊壽彭黃隆生梁秋甄吉廷等。及海防同志劉岐山甄壁等。西貢同志曾錫周馬培生李竹癡等。堤岸同志李曉初李卓峯黃景南劉易初李亦愚顏太恨關唐等。均先後醵助巨款。爲他處僑商所不及。就中以西貢法國銀行買辦曾錫周馬培生所捐爲最巨。中山及汪精衛等數次到西貢。錫周有求輒應。毫無吝色。黃景南開設賣豆芽小店。市人稱之曰牙菜祥。每日輒以營業所得投入撲滿中。貯爲捐助革命之需。時人聞而義之。楊壽彭黃隆生甄吉廷劉岐山等于欽廉鎮南關河口諸役。因供給軍械糧食事爲法官遞解出境。

暹羅之黨務　廣西貴縣知縣陳景華因得罪粵督岑春萱亡命暹羅。遂于丙午年與僑商蕭佛成沈荇思等發刊華暹日報于檳角京城。漸主張革命。與香港中國報互通聲氣。先後任筆政者有康蔭田王斧盧伯琅胡毅生等。僑商之同情革命者。則有王杏洲陳美堂何少禧陳載之朱廣利馬興順梁挺英等。戊申冬。中山偕胡漢民何克夫胡毅生盧伯琅數人至暹。僑商設歡迎會于中華會所。到會者數百人。越日暹政府卽來干涉。限中山于一星期離境。幷不許談政治問題。駐暹美國公使聞之出而爲中山助。因得稍延數日。中山遂不再赴會演說。惟祕密組織同盟分會。華僑入會者頗不乏人。舉蕭佛成爲會長。陳景華爲書記。中山居暹十日卽返新加坡。留胡毅生盧伯琅二人勷理華暹報編輯事務。己酉馬興順因事回國。暹中保皇會員以馬爲華暹報大股東。特致電粵督。控以附逆黨惡罪名。馬旋在潮州原籍被清吏逮捕監禁。陳景華因之自暹至香港設法營救。卒賴粵紳江孔殷之斡旋。保釋出獄。而馬已奄奄一息矣。

非律濱之黨務　非濱律羣島距香港雖一衣帶水。然以美屬入境禁例之故。吾國人來往不易。而革命黨在其地活動亦較他處爲稍遲。甲辰乙巳間。旅菲華僑漸傾心革命。喜閱香港中國公益二報。鄭漢淇歐陽鴻鈞楊豪侶林日安等實爲之倡。乙巳冬更有對美拒約會之設。粵僑捐貲以助廣州拒約團體者。絡繹不絕。丙午保皇黨徐勤在小呂宋廣東會館演說立憲。欲乘機開設帝國憲政會。爲楊豪侶等所破壞。卒無所成。辛亥春李萁自香港至小呂宋。始設立同盟分會。入會者有鄭漢淇黃三記黃漢傑王忠誠諸人。旋發刊公理報。以鄭漢淇爲總理。是爲旅菲華僑設報之嚆矢。

澳洲之黨務　澳洲各地向屬康黨之勢力範圍。自辛丑梁啓超親遊其地。保皇分會遂林立于雪梨金山美利賓以至紐絲侖等處。其時著名僑商殆無不入保皇會籍者。其言論機關曰東華新報。由梁啓超薦唐才常之弟才質主任筆政。丁未徐勤主使何其武暗殺劉士驥事起。保皇會以是分裂。旅澳華僑漸知康梁斂財之眞相。多登報脫黨。因與香港中國報發生關係。丙午美利賓埠華僑創設警東新報于羅素爾街一百八十九號。始提倡革命。庚戌雪梨埠致公堂有民國日報之發刊。致公堂爲三點會所組織。其宗旨曰反淸復明。故民國日報亦以民族主義爲號召。辛亥三月廿九一役。雪梨美利賓二埠華僑捐資數百磅助餉。均寄雲高華大漢日報馮自由代收。此外紐絲倫島威靈頓埠華僑呂傑朱楷黃國民等亦熱心革命。呂傑曾致書馮自由求入革命黨。馮許其自行塡寫盟書郵寄香港。同盟會定例。須主盟人在場始許加盟。呂傑郵遞盟書。實爲創舉。

英屬之書報社　乙巳以後英屬大小各埠相繼設立書報社。其中有純粹爲同盟分會者。有附設于學堂者。有因當地商會或中華會館向爲守舊派或保皇黨所把持。故另創新團體以樹對抗者。此類書報社成立于民元以前者有百數十處。茲就調査所得。錄其地名社名如次。

新加坡公益書報社
新加坡同德書報社
庇能檳城書報社
吡叻華僑書報社
吡叻沙叻培文書報會
吡叻拿吃興華書報社
吡叻萬里望民興書報社
吡叻金寶開智書報社
宋溪詩佛文墨書報社
芙蓉書報社
麻六甲中華書報社
實兆遠益智書報社
魯乃坡益民書報社
布知埠益智書報社
新加坡星洲書報社
新加坡同文書報社
庇能益智書報社
吡叻蒲蘆江秀覺民書報社
吡叻安順培智書報社
吡叻端洛中興書報社
吡叻布先益智書報社
吡叻美羅萃羣書報社
六條石埠書報社
柔佛公民書報社
雪蘭峨士我月埠書報社
巴東色海東華書報社
梹榔嶼大山脚華僑書報社
蔴楮巴轄益羣書報社

隆邦書報社
知知埠華商書報社
高淵埠書報社
紅毛丹達材書報社
嘭哼文東書報社
萬撓育智書報社
雪蘭峨介文書報社
嘭哼北干光漢書報社
甲洞開明書報社
安邦埠書報社
加蕉埠啓明書報社
加影文華書報社
納閩坡啓文書報社
巴里文礁新華書報社
砂勝越啓明書報社
朱毛埠啓智書報社
打吧埠益羣書報社
吡叻古樓南華書報社
巴生羣智書報社
金寶中國青年益賽會
吉隆坡中國青年益賽會
蔴坡啓智書報社
素哩哩開智書報社
叨思埠公益書報社
雙文丹埠斯文書報社
都灇啓蒙書報社
關丹中華書報社
武來岸策羣書報

北般鳥山打根中華書報社
新馬驢新華書報社
喃巴哇覺羣書報社
巴生港中國青年益賽會
巴楮巴哈益羣書報社
緬甸瓦城振漢書報社
緬甸勃生埠漢興書報社
緬甸勃臥埠培民書報社

甲板埠同德書報社
吉礁雙溪丹年新漢書報社
文丁埠華商書報社
古毛埠競明書報社
緬甸仰光覺民書報社
緬甸惹申亞沙漢維華書報社
緬甸丹老埠新民書報社
緬甸摩洛棉漢聲書報社

荷屬之書報社　荷屬羣島書報社之多不亞于英屬。多數附屬于學堂之內。故其名卽以所屬學堂之名冠之。乙巳丙午間。新加坡中興公司主人張誠忠受荷屬文島各埠華僑之托。欲聘用教員多人。張商諸陳楚楠。陳爲介紹于香港馮自由。於是馮乃分函東京漢口安慶廣州各處機關。請推薦同志赴海外爲教員。是時應聘者有易本義張繼李杜中時功璧陳方度等二十餘人。此外各埠延致之教員。尙有董鴻禕王嘉榘王文慶沈鈞業魏蘭等。均屬留日學生而有心革命者。董鴻禕乃東京早稻田大學所推薦。就聘時尙未畢業。該大學特爲提前考試。用壯行色。荷屬各校自董易張王李陳時沈魏等設教以來。革命學說遂灌輸于學生及其家長。多在校內附設書報社。以開通民智提倡民權為務。而書報社遂成革命機關之變相焉。茲就調查所得。凡書報社成立在民元以前者。錄其地方及團體名目如次。

巴達維亞華僑書報社　泗水明新書報社
三寶壟樂羣書報社　大亞齊書報社
巨港中華書報社　巴城老巴塞書報社
井帝汶同文書報社　南榜書報社
西都文羅書報社　文島梹港中華書報社
文島雙溝烈中華書報社　萬隆埠民儀書報社
巴眼亞比亞民德書報社　其沙蘭中華書報社
毛燕埠日新書報社　龍目安班瀾漢光書報社
美崙埠公益書報社　浮盧甘罷中華書報社
東婆羅洲古達馬路中華書報社　山口洋民生書報社
亞齊瓜勝新邦啓文書報社　坤甸圖存書報社

松柏港民羣書報社
坤甸白樹脚羣生書報社
文島如勿士中華書報社
蘇門答臘巴東書報社
文島雙溝烈明德書報社
滵汝叨利覺羣書報社
日里民禮書報社
日里直名丁宜開智書報社
日里巴株巴勞中華書報社
日里武麗安中華書報社
日里火水山中華書報社
日里籠葛中華書報社
日里棉蘭華崇書報社
日里瓜勝中華書報社

萬里望智羣書報社
絺汝叨覺羣書報社
勿里洞華僑書報社
監光登宜開智書報社
哥踏丁疑覺羣書報社
覺厘洞岸黨書報社
日里瓜勝新邦中華書報社
日里頓挽中華書報社
日里大棉中華書報社
日里勿叻灣中華書報社
日里瓦冷中華書報社
日里新邦知甲中華書報社
日里直名丁宜開智書報社
日里仙遠中華書報社

亞齊士吉利中華書報社

日里昔冷中華書報社

支部移庇能之經過　戊申後南洋黨務雖日發達。然新加坡黨員對于歷年維持中興報及供應各地失敗同志等費。已覺精疲力竭。加以從越南來之河口敗兵。分子複雜。良莠不齊。時有妨害地方治安之行動。于蔡厝港中與石山開設後。尙有搶掠嫌疑案發生。致被警吏拘去石山工人二十一人。經中山多方設法。始獲開釋。時淸領事復藉端要求英吏干涉革命黨行動。故黨務進行愈形困難。於是中山決意將南洋支部移至庇能。己酉三月中山首途赴歐州。而支部亦同時遷地。及庚戌七月中山從日本再來南洋。卽挈眷移居庇能柑仔園。是年冬中山復遊歐美。其眷屬仍居庇能。家費則由庇能吡叻吉隆芙蓉四處黨員分任供給。當中山居庇能時。曾通告南洋各埠。令倣美洲黨員新例。將盟書內中國同盟會會員字樣改爲中華革命黨黨員。然爲日無多。事實上未易實行。是時支部旣設于庇能。其地黨員黃金慶吳世榮陳新政等奔走甚力。汪精衛在北京謀炸載灃失敗後。暗殺團員陳璧君黎德榮等先後至南洋籌款營救。庇能黨員吳世榮黃金慶陳新政及新加坡黨員陳武烈林義順林禎祥諸人共出貲數千元爲營救之需云。

黃花岡一役籌款之經過　庚戌廣州新軍一役失敗後半載。中山從美洲至庇能。黃克強趙聲孫眉胡漢民何克夫謝逸橋謝良牧亦先後至。時黃以粵中黨人元氣大傷。再舉不易。擬改從緬甸入雲南聯絡滇省軍隊起義。趙聲等亦別有所圖。惟中山力主再謀廣州大舉之議。黃趙均慮籌餉困難。謂非有款十萬以上。不易進行。中山謂財用一層吾可担任。遂約各埠黨員于十月十二日到庇能開會商議籌款方法。與議者有黃克強謝逸橋胡漢民謝良牧何克夫熊越珊趙聲庇能黨員吳世榮林世安黃金慶芙蓉代表鄧澤如怡保代表李孝章諸人。中山發言謂現在國內時機已熟。吾人决意在廣州起義。以順人心。請各同志刻即担任籌款。衆咸贊成。議定募足十萬元。便可著手大舉。預計英屬荷屬各籌十萬元。暹羅越南三萬元。美洲在外。即席捐得八千餘元。其餘由各黨員分頭募集。并擬分發捐册。概以中國教育義捐爲名。免居留政府之干涉。議既定。黃克強謝良牧鄧澤如胡漢民等遂赴各埠從事募款。中山因在清風閣演說革命。爲當地政府所知。遂被限令一星期離境。因有美洲之行。漢民澤如等到星洲。于十月二十四日在晚晴園開會。黨員到者有周之貞沈聯芳盧禮明李孝章陸秋露等百餘人。合得捐款三千元。中以沈聯芳首捐一千元爲最巨。黃胡鄧等復遍歷英屬十餘埠。歷時一月僅得萬餘元。與預算額相差尚遠。克強大爲失望。因力言英屬如不能得五萬元。事必不行。彼惟有仍實行個人主義。向一二權要滿奴拚身一擲而已。各黨員聞之大爲感憤。鄭螺生李源水李貴子黃怡益譚德棟朱赤霓黃心持伍熹石林作舟蔡質三容祝三黃克陳序機李雄章鄧培生陸秋傑郭應章陳增坡王鏡波陸文輝胡榮寶李夢生劉靜山湯壽山曾德水崔文燦陳占梅李月池陳志安劉植芝蔡卓南張錫銘王月洲曾榮祥曾國樑彭維綱王書仰鄧星南林金福李佐漢葉競爭李耀南李定山羅劉胡葉飛龍黃梓堂古生植楊復漢陳守一楊朝棟鄭有芳張碧天諸人均甚踴躍。前已捐者亦多加捐。漸足五

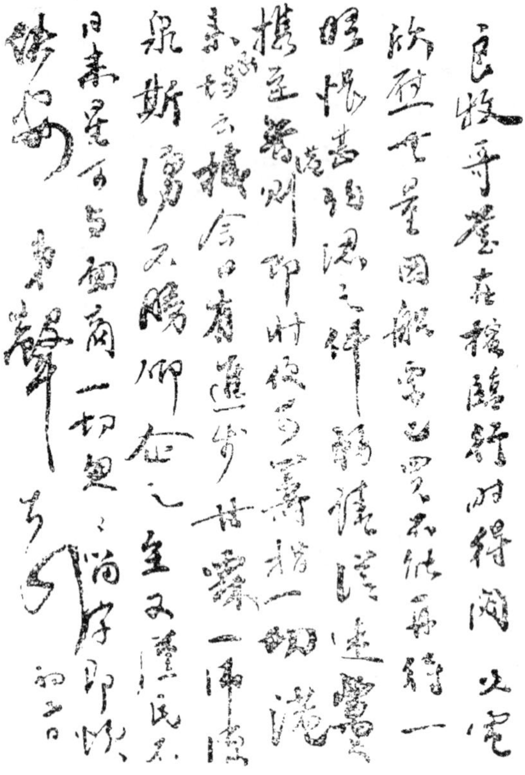

趙聲致謝良牧書

萬之數。克強趙聲遂先後返香港。荷屬担任籌餉者。有謝良牧劉芷芬黃甲元古亮初梁紐若鍾幼珊古質山曾伯諤李柱中陳方度李篤彬吳偉康陳句士陳伯鵬藍銘三伍連忠梁瑞祥溫慶武陳玉如藍耀諸人。越南担任籌餉者。有曾錫周馬培生李卓峯黃景南劉易初諸人。暹羅担任籌餉者。有蕭佛成梁挺英朱廣利何少禧沈荇思諸人。統計是役南洋各埠募集所得經革命軍統籌部收到者。英屬共四萬七千六百餘元。荷屬共三萬二千五百餘元。又

辛亥三月鎗殺滿將軍孚琦之溫生財。及是役殉難七十二士中之羅仲霍陳文褒李雁南李炳輝李晚周華郭繼枚余東雄黃鶴鳴杜鳳書林修明。辛亥閏六月炸傷滿清提督李準之陳敬岳等。均屬南洋革命黨員。

黃與趙聲之通信　辛亥三月廿九一役以前。黃克強趙聲于離南洋歸香港時。曾分函致各埠黨員催促籌餉。茲擇錄所致謝良牧謝逸橋函三通如左。(三函均謝良牧藏)

(其一)趙聲致謝良牧函

良牧哥鑒。在檳臨行時。得閱兄電。欣慰無量。因船票已買。不能再得一晤。悵甚。約認之件。務請從速籌攜至香港。則即時便可籌措一切。港來函均云機會日有進步。什霖一沛。源泉斯湧。不勝仰企之至。又漢民不日來星。可與而商一切。匆匆留字。即頌

俠安　弟聲頓　初二日

(其二)黃克強致逸橋函

乙橋我兄大鑒。怡保手上一函。想已入覽矣。今英屬之款大致已有眉目。惟與十萬之數所差甚遠。而前途待辦之事。有如星火。不可遲以分秒。望兄前許之件。速速決心。實行馳赴港部辦事。弟昨由芙蓉出星。擬附日郵(十二日開行)內渡。時期逼迫。無緣來

以慰我們大望。怡保手上一函想已入
覽矣。今英屬之款大致已有眉目。惟
與十萬之數所差甚遠。而前途待舉
之事有如星火。不可遲以分秒。此
兄前許之件。速速決心實行。馳赴
港部辦事。弟昨由芙蓉出星
十二日開行附日郵内渡。時期逼迫。無緣
尊處晤商。至爲歉仄。良牧兄款事
亦望趕速收齊。借其管理人返港。
港切盼切盼。伯先兄昨亦有函來催
貴昆仲意至懇切。因此函與展
展堂現在西貢須將此函彙寄去
兄所商事多。故未呈上。耑此即請
籌安
良牧兄統此不另　弟興頓

尊處晤商。至爲歉仄。良牧兄款事亦望趕速收齊。借其管理人返港。切盼切盼。伯先兄昨亦有函來催貴昆仲。意至懇切。因此函與展兄所商事多。（展堂現在西貢。須將此函彙寄去）故未呈上。耑此即請

籌安。

良牧兄統此不另　弟興頓

黃克強致謝逸橋書

（其三）黃克強致謝良牧函

良牧我兄鑒。弟由怡保

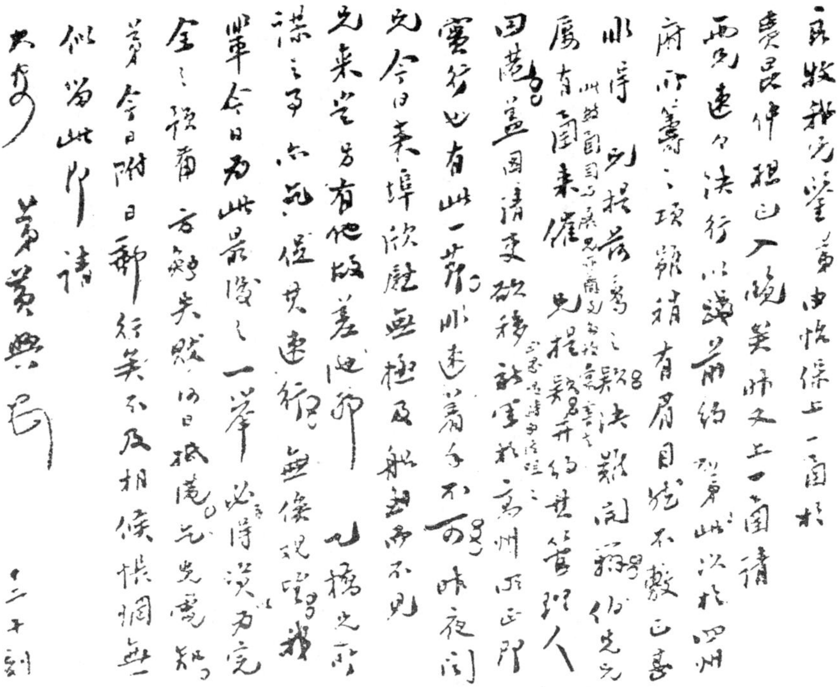

黃克強致謝良牧書

上一函於貴昆仲。想已入覽矣。昨又上一函請兩兄速速決行。以踐前約。弟此次於四洲府所籌之款雖稍有眉目。然不敷已甚。非得兄提荷屬之款決難開辦。伯先兄屢有函來催兄提款。并約其管理人回港。蓋因清吏欲移新軍于高州。明正卽實行也。有此一節。非速著手不可。昨夜聞兄今日來埠。欣慰無極。及船到。而不見兄來。豈另有他故差池耶。乙橋兄所謀之事。亦乞促其速行。

無俟觀望。我輩今日爲此最後之一舉。必多得資以爲完全之預備。方免失敗。何日抵港。乞先電知。弟今日附日郵行矣。不及相候。悵惘無似。留此即請

大安　弟黃興頓　十二午刻

辛亥光復之助餉　辛亥八月武昌起義。閩粵二省先後响應。時星洲黨員發起籌辦廣東救濟保安捐。假總商會爲會所。舉羅卓甫爲總理。廖正興副之。沈聯芳陳楚楠張永福趙克菴岑侶豪湯湘霖黃甫田陳競疇葉耀庭周升翹趙鈞溪許柏軒劉七輝吳勝鵬吳世勝符養華陳毓卿陳梅坡潘兆鵬沈子琴陳保三潘春陽黃濬輝黃有淵藍森棠陳翼扶等各任幹事。總計籌款二十餘萬元。繼復發起福建保安捐。先由張永福陳楚楠張順善陳嘉庚洪福彰陳武烈設法向福建平糶局撥款二萬元電匯福州黃乃裳應急。旋在天福宮畫一軒開會。舉陳嘉庚爲總理。陳順善副之。陳先進張永福陳楚楠葉敦仁陳禎祥陳武烈留鴻石洪福彰薛武院陳子纓李浚源殷雪村謝有祥等爲幹事。亦陸續籌匯二十餘萬元云。

第四十章　丁未潮州之役

許雪秋略歷　初次謀取潮城之失敗　二次謀取潮城之失敗　預備再舉之計畫

許雪秋略歷　許雪秋。潮州宏安鄉人。父經商南洋致富。爲僑界巨擘。許幼隨父往星洲從事商業。性慷慨。任俠好客。縉紳士夫江湖俠客咸樂與之遊。有小孟嘗之稱。其父故後。許得遺貲。以好交遊。隨手輒盡。壬寅癸卯（清光緒二十七八年）間。福州人黃乃裳漫遊南洋馬來半島。鼓吹種族革命。閩粵僑民多爲感動。許以黃年高志壯。異常傾倒。遂納交焉。是時保皇黨所設星洲天南新報早已閉歇。興中會員尤列組織中和堂。僑商陳楚楠張永福許子麟等倡辦圖南日報。均屬宣傳革命機關。故南洋各埠華僑之民族思想日漸蓬勃。許目擊祖國時局之艱危。慨然有實行革命捨我其誰之志。遂邀黃乃裳陳宏生諸人聯袂返國。企圖大舉。甲辰年（清光緒二十九年）九月至汕頭。即約合同志陳芸生吳金銘李杏波吳東昇等。于是月十九晚在宏安鄉故居寄雲深處立壇開會。宣誓傾覆滿清。相約分途担任招攬同志及籌劃軍餉二事。是爲許從事革命運動之開始。

初次謀取潮城之失敗　許經營數月。成効漸著。得同志吳金銘蕭竹荷李子偉吳金彪余丑余通陳湧波林鶴松劉龍蒼林蒼龍黃得勝林惠卿謝明星薛金福劉榮華羅木斗等數十人。勢力日盛。遂于乙巳年（清光緒三十年）正月十二夜召集諸同志在寄雲深處開會討論起事方略。推定雪秋任革命軍司令。統領一切職權。陳芸生任閩粵度支部長。吳金銘任參謀長。李杏坡任書記。李子偉任會計。吳東昇任交際。吳金彪蕭竹荷任稽查。幷議派陳宏生赴福州謁黃乃裳商議閩省響應事。李杏坡担任聯絡學界事。吳東昇担任聯絡各省同志事。吳金銘担任聯絡黃岡余通余丑陳湧波等合作事。於是各事進行粗具端倪。許更設法向潮汕鐵路當局運動取得承辦鐵路建築工程之特權。密派余丑余通陳湧波等爲築路工頭。使招集同志七百人充鐵路工人。復由吳金銘以紳士名義稟請道府鎮台。准在潮安上七都祠招募團練四百名。亦以同志充之。均約定三月十五日同時起事。詎因李杏坡用人不愼。其部下在華美鄉運動事洩。被總鎮黃金福偵知。遂派哨官梁棟元將杏坡拿獲斬首。杏坡旣遇害。吳金銘同時被捕。劉龍蒼乃約邑紳郭竹君等聯名保釋。旋復有人告發。謂吳劉俱革命黨。辭連許雪秋。道府派委員陸桂元劉英生密查。許聞之。乃身懷手鎗。隻身向潮州道署自投。侃侃抗辯。道員某以許曾捐納道台銜。係地方大紳。且屬舊識。遂不深究。併吳劉二人釋之。許經此次蹉跌。乃自赴南洋募集經費。企圖再舉。

二次謀取潮城之失敗　丙午春間。中山自日本至新加坡。許雪秋素慕中山名。浼張永福爲之介紹。并加入同盟會焉。時中山方有志圖粵。以許在潮州各屬極有勢力。遂引爲左右手。立委任爲中華國民軍東軍都督。使在潮嘉等處相機發難。是年冬。許自汕頭至香港謁馮自由

池亨吉

。謂事機漸熟。請電東京本部派同志回國相助。中山乃派留學生喬義生方漢成方瑞麟李思唐郭公接張煊方次石及日人萱野長知池亨吉等先後赴香港。抵港後。方瑞麟方次石張煊郭公接先至汕頭訪許雪秋。遂約各路主任在宏安鄉許宅大會。決議定期丁未年（清光緒三十三年）正月初七日大舉發難。派定蔡乾初担任籌款。薛金福偕喬義生李思唐張煊郭公接往饒平浮山埠布置一切。屆期率衆于夜間進攻潮州府城。黃偉齋率潮城內十八館各同志爲內應。余丑余通陳湧波蔡德吳煥章偕方漢城赴黃岡。羅飛雁赴揭陽。黃得勝赴惠來。謝良牧謝逸橋吳東昇李子偉等

暗率同志多人藏匿於潮汕車站蔡家祠敵山台潮安內城各處。均預備分頭響應。陳芸生蕭竹荷担任運動揭陽砲台兵弁反正。一切籌劃均已就諸。及期。許與謝良牧方瑞麟李次溫等策馬馳往潮城。在湘子橋下之小舟守候。將馬拴于東門外之舖欄。專候各地同志來會。以便率領進攻。詎是夜春雨淋漓。黃偉齋先引同志數百人自浮山行至澄福舖。忽然風雨大作。不利行軍。各鄉同志來會者。亦以集合不便。旋聚旋散。黃偉齋薛金福等恐首尾隔閡。往來傳達消息者數次。至東方發白。尚無動作。許知事已中變。始囑黃偉齋通知各地同志暫行分散。又以一時不易繼起。更下令各路主任取一致態度。暫停動作。以待後命。

預備再舉之計劃　許雪秋經此挫折。乃赴香港報告起事中變情形。並電告中山。旋得中山復電。謂起事時期須與惠州欽廉相同。以便牽制清軍。萬勿孟浪從事。致傷元氣。於是衆議暫緩進行。專候惠州欽廉消息。以定進止。并擬設法由日本購械運至黃岡洪洲港起陸。然後舉事。許雪秋謝良牧李思唐方瑞麟等同寓香港蘭桂坊聽候電音。喬義生池亨吉駐汕頭幸阪旅館。担任接洽同志傳達消息等事。方漢成方次石駐黃岡籌備發動。迨三月下旬。余丑陳湧波到港。報告黃岡同志被清吏捕去二人。各同志極形憤激。擬先行舉事。以便營救。馮自由胡漢民以與原定計劃不符。再三勸阻。囑其務以大局爲重。暫候中山命令。余陳等均以無法制止爲請。馮等乃令其囘黃岡與諸同志磋商。如可稍候。則可候至中山命令到時。與惠州欽廉同時發動。倘必不能制止。則宜先行電知。以便準備一切。并交余陳帶去電稿一紙。惟余陳去後。消息杳然。至四月十一日而黃岡舉兵之事起。

第四十一章　丁未黃岡之役

先期起事之原因　佔領黃岡之戰況　黨軍略地之布置　粵閩兩省之出兵　汕頭香港之接應　十五日之劇戰　黨軍解散情形　是役同志之調查　周馥之奏摺　香港籌餉之失敗

先期起事之原因　潮州饒平縣屬黃岡爲三點會最盛之區。余丑余通實爲之首。許雪秋夙與聯絡。丙午冬嘗偕二余赴香港謁馮自由。紹介入同盟會。丁未正月初旬。余奉許命。在饒平屬浮山墟聚衆千餘人。預備發難。因布置不及而止。當時饒平知縣鄭瑞麟聞警。曾稟潮州道府請防患未然。道府即派委員往查。而委員竟以所稟不實報。嗣後余等運

陳芸生肖像

動益力。專候香港機關部命令發動。四月初旬。黃岡都司隆啓同知謝蘭馨偵悉所屬有黨人聚

衆開會。形迹可疑。稟請潮州鎮總兵黃金福。多派幷勇緝捕。黃鎮乃于初十日派守備蔡河宗帶兵四十名前往。既至。紮于城內關爺宮。適是晚北門外頂橫街鄉民演劇。防兵因在臺前調戲婦女爲羣衆攻擊。遂回營報告蔡弁下令拿人。旋被捕去余姓二人。指爲黨徒之父兄。帶交協署究辦。

佔領黃岡之戰況　先是黨軍久欲乘間起事。因械缺遲遲未發。迨聞同志二人被捕。余丑陳湧波等卽集合同志于城外連厝墓。商議營救二人之策。僉謂非速攻擊蔡弁。二人必不能生還。於是聚衆千餘。于十一晚九時往撲協署。與蔡軍劇戰。由戌至寅。勝負未分。陳湧波主張分兵攻城內各衙署。以孤虜勢。於是一面與蔡相持。一面往攻各署。須臾各署淸吏或逃或死或被執。而黨軍亦將協署頭門焚燬。蔡軍失其屏障遂降。黨軍復入拓林司署。擒其司官巡檢王繩武及城守把總許登科。均以抗命行誅。都司隆啓軀幹肥碩。則加以大枷。囚諸別室。惟黃岡同知謝蘭馨逸去。是役黨軍陣亡二人。傷者十餘人。十二日事也。

黨軍略地之布置　黃岡既克。黨軍遂依革命方略所規定布告安民。令各行店照常交易。剷除一切苛捐。人民悅服。同時收各衙署之械。計得土鎗千餘。多殘缺不可用。衆以火器不利。且香港汕頭方面主要人員未來。遂未進兵。時有人主張速攻潮郡及分攻詔安二策。因部署未定。卒不見用。

粵閩兩省之出兵　清兵備道沈傳義懾于黨軍聲勢。挈眷逃至汕頭。數電粵督周馥告急。周督乃令統帶胡令宣率第十二營。水師提督李準率親軍三營續備隊一營。迅往救援。幷電商閩督請派漳州鎭馬某督帶福毅常備軍赴詔安堵截會攻。另電痛責總兵黃金福立功自贖。黃鎭不得已率其部下往扼汫洲要道。於是有十五日之戰。

汕頭香港之接應　是役之發動。事起倉卒。許雪秋雖掛衛東軍都督。遠在香港未來。遂由余丑暫主其事。十四日方漢城陳宏生從汕頭趕至。衆以陳爲許之助手。暫推爲臨時司令長。而以孫文名義布告一切。合邑翕然。是日蔡德在外孚山市捕獲潮郡巡警總局督帶邱焯及偵探林清等數人。械而誅之。香港機關部至十三日始知黃岡事已發動。是早各報電報略有登載。方次石因在廈布鄉製炸彈失愼受傷。由汕頭至港。卽偕許雪秋謁馮自由胡漢民等報告各事。十四日許率同志十餘人赴汕。李思唐自擕炸彈七枚登岸。其餘同志則分赴各地催促響應。就中有黃二者。因欲搭車赴潮州府城。在車站被捕。清吏嚴刑訊之不屈。遂以身殉。

十五日之劇戰　十四晚黨軍探報黃金福駐兵汫洲。該處濱海。離黃岡僅廿餘里。衆議往攻。推陳湧波率隊往。黎明始至。爲邏卒所覺。遂接戰。先是汫洲林姓時與港西各姓械鬬。林姓用石建築砲台。以避彈丸。兩軍對壘時。該台早被清軍據爲屏障。陳湧波卽分黨軍爲二。猛勇進攻。然地形險峻。而土砲不敵洋鎗。至午遂北。傷數十人。死十餘人。陳湧波旣敗。卽命蔡德赴黃岡求援。黨衆聞耗幾潰。余丑乃披髮誓衆。衆感動。誓以死戰。聲勢復壯。蔡德復率衆往救。以清軍武器精。能及遠。黨軍不能支。乃羣負濕水棉胎。藉以避彈。易鎗爲刀。與敵撲戰。清軍陣勢大亂。將次潰退。忽喇叭聲大震。清軍遊擊趙祖澤在堅灶率兵由水路至。將敗之清兵得此生力軍爲助。勢復振。黨軍前後受清軍夾攻。所發土鎗不能及遠。死傷數十人。漸失其戰鬥力。遂下令退却。而麻峽頭旋亦被佔。清兵離黃岡僅十里耳。十七日潮州知府李象辰發貼安民文告如下。

照得黃岡匪徒形似猖獗。其實烏合之衆。遇戰則靡。無能爲役。昨前兩日黃軍門至井洲。以防勇三百名。匪三千。連獲勝仗。斬首二十餘級。鎗斃二百餘名。幷陣斬匪首余單眼卽余二。生擒匪首余天保之父余錢。刻下樟林平湖鋪三峙嶺蓮花山均扼以重兵。遏匪上竄。嘉應防營由大埔饒平節節進剿。李提台督帶親兵並新練軍巡防隊共八營。乘輪將至。九屬士勇並本府新招一營。四關城內團練五百名。縣勇百名。均已成立。指日會赴黃岡。四面合圍。將匪徒聚殲不遺噍類。爾居民商賈人等務須各安生業。照常交易。切

戊申新加坡革命黨員歡迎黃岡革命軍首領余丑余通陳湧波等攝影

勿聽信謠傳。中心惶惑。倘有造言生事之徒。囤積米穀。或將存款支取。遽行遷徙。冀以搖動市面。從中取利。則是地方奸民。實于治安有害。一經查出。定卽拿究。在郡候補人員尤不得遽將家屬搬遷。及本員私行離郡。如違參辦。決不寬貸。除飭查外。爲此出示曉諭。

黨軍解散情形　十六日兩軍並未接仗。黃金福不敢越雷池一步。欲俟省城軍至。然後進攻。黨軍余丑陳芸生陳湧波方漢城等開軍事會議討論進止。僉以械劣彈乏。不堪再戰。宣布解散。幷留一部退入烏山嶺。徐圖再舉。所獲之淸吏隆啓及降弁蔡河宗。則訓諭一番而開釋之。至晚余等相繼逃亡。而失其黨籍。故十七日黃金福入城後。得以按圖索驥。慘殺鄉民二百餘人焉。有距黃岡百里之東灶鄉。因餈粥以餉黨軍。黃以爲包庇黨人。下令焚燬其祠堂及大屋十餘間。慘不忍覩。是時許雪秋喬義生日人萱野長知方在汕頭幸阪旅館。計畫豐順揭陽惠陽潮安各縣響應事。因時有偵探窺伺。乃移居角石醫院。詎十六晚方漢成等已由黃岡抵汕。報告黨軍解散情形。衆大懊喪。許等仍擬設法轟炸李準運兵輪船。以圖再舉。因戒備嚴密。無機可乘而止。復以事無可爲。遂同乘蘇州丸至香港。仍寓蘭桂坊。未幾余丑余通陳湧波諸人亦攜眷搭帆船抵港。

是役同志之調查　參加是役同志之姓名籍貫及其結果。據民十七春間調查。列表如次。

姓名	籍貫	結果
許雪秋	廣東潮安縣	民元被吳祥達所殺
陳宏生	廣東潮安縣	民元被吳祥達所殺
余丑	廣東饒平縣	民元因衛兵放鎗失愼致死
余通	廣東饒平縣	在新加坡病死
陳湧波	廣東饒平縣	民元被吳祥達所殺

吳金銘　廣東潮安縣　民元被吳祥達所殺
劉龍蒼　廣東潮安縣　病死
余永典　廣東饒平縣
薛金福　廣東興甯縣　前清被黃金福所殺
羅飛雁　廣東豐順縣　被其鄉人所害
黃偉齋　廣東潮安縣　病死
黃得勝　廣東惠來縣　病死
吳金彪　江西人　病死
林鶴松　廣東揭陽縣　民元後被洪兆麟所殺
謝明星　廣東揭陽縣　前清被官吏所殺
謝良臣　廣東澄海縣　病死
林希俠　廣東饒平縣
喬義生　山西人
方漢成　安徽人　民元後經商

張煊　廣東大埔縣

郭公接　廣東大埔縣　在南洋被汽車傷斃

方次石　廣東普甯縣　民元後被龍濟光所殺

林偉侯　廣東饒平縣

曾杏村　廣東澄海縣

謝良牧　廣東梅縣

李次溫　廣東梅縣

李思唐　廣東梅縣

謝逸橋　廣東梅縣　病死

蔡乾初　廣東澄海縣

許鴻初　廣東澄海縣

陳四　廣東澄海縣　病死

陳雨合　廣東潮安縣　病死

李子偉　廣東澄海縣

蕭竹猗　廣東潮安縣　病死
吳東生　廣東惠來縣
洪勝南　廣東潮安縣
許佛童　廣東陸豐縣
黃二　廣東惠來縣　被黃金福所害
張順　廣東惠來縣　被清吏所害
高壽田　廣東澄海縣　民元被吳祥達所殺
陳二九　廣東陸豐縣
萱野長知　日本人
池亨吉　日本人

周馥之奏摺　附錄清粵督周馥奏陳黃岡革命軍起事情形摺如下。

竊查潮州府饒平縣屬黃岡地方。於光緒三十三年四月十一日夜猝被匪徒戕官踞寨。即經署潮州鎮黃金福率勇馳往剿辦。臣接據署理惠潮嘉道沈傳義等電報。先行電飭鄰近附營馳往堵剿。一面派提督臣李準酌帶水陸隊伍繼進。並電咨閩浙總督臣松壽撥隊防堵。數日間即行剿平。業將大概情形先後電奏在案。查黃岡地方前明因防海盜。設有寨城一座。向駐副將都司同知巡檢官。現在副將缺已裁撤。兵額亦減。不免稍覺空虛。該處距潮州府城並饒平縣城各九十里。與福建詔安縣連界。素有三點會匪。迭經嚴緝。此拿彼竄。迄未盡絕根株。此次黃岡土匪起事。變起倉卒。據李準黃金福沈傳義等電稱。係外匪陳芸生勾結會匪余丑即記成曾金全余錫天及福建詔安縣屬白石鄉匪首沈牛屎後嶺鄉匪首沈家塔等。先在詔安縣屬烏山饒平縣屬浮山拓林等處拜會。本年正月沈牛屎等帶來鷹球票布銀紙分給會黨。刊刻僞示諭帖。原圖搶劫已裁黃岡協署舊軍槍械起事。因一時無隙可乘。未敢蠢動。適於四月十一日警兵拿獲匪夥邱保張善二名。會匪張添賜告知匪首余丑糾黨打奪。經都司隆啓巡防營哨弁蔡河宗率兵將犯押入協署。匪衆圍攻。弁勇堅禦。至次日辰刻子碼用盡。匪黨蠭至。焚攻益力。兵勇傷斃無多。力竭被困。維時黃岡同知謝蘭馨城守把總許登科署拓林司巡檢王繩武各率兵差巡警抵禦。奈賊衆兵寡。援絕力盡。把總巡檢登時被戕。同知被虜。各匪遂佔踞衙署。焚拆關廠局所。搶劫副將都司兩署舊械。號召各路匪黨。逼脅鄉民。串同外匪陳芸生等。即於十四日乘機入寨。將所刊僞示塡寫四月。妄稱大明軍政都督府孫等字樣。竪旗起事。分發僞諭。勒索殷富銀米。脅從頗衆。下寮東灶各匪鄉皆濱海。漁戶糾合外匪。船載而來。分爲水陸兩黨。水路踞古樓山後。陸路踞寨。此當日匪黨起事之情形也。該管潮州府知府李象辰饒平縣知縣鄭世麟集團固守府縣城池。分堵要隘。署潮州鎭黃金福帶兵馳往距黃岡三十里之井洲。相機進剿。惠潮嘉道沈傳義馳往汕頭保衛華洋商埠。並電致福建漳州詔安府縣防堵。十三日府城巡警營帶官外委邱焯五品軍功林清帶勇四名前往偵探。遇賊陣亡。十四夜匪撲井洲。黃金福率隊出戰小勝。斃匪數十名。是夜五鼓後。匪大股數千分路包抄。我軍分頭接仗。傷斃賊匪百餘人。賊勢少却。十五日黎明。賊分五路。水陸並進。適巡防第九營管帶官趙祖澤繼至。督弁徐士庶陳德等分路迎擊。爭先衝殺。陣殺悍匪百數十名。奪獲旗幟馬匹槍械多件。賊衆退三里外之大澳山脚。佔住村房。我兵追擊。奪取大澳山。賊衆且戰且却。我軍悉力猛攻。相持至十五日戌刻。賊黨傷亡甚衆。我軍亦陣亡十餘名。受傷七名。正在甜戰之際。大雨傾盆。賊衆奔逃。是夜五鼓。我軍出其不意。奪取距寨數里之古樓山。賊衆死守不出。十六日夜該道沈傳義運開花礮子碼到營。正在拔隊追逼。賊衆棄寨潛逃。當卽分路進至東灶。毀其巢穴。直抵黃岡。救出都司同知哨弁三員及勇丁二十一名。查明槍械盡失。並失去裁缺副將關防及同知關防各一顆。並在賊巢搜出僞印及票布僞示板片軍火多件。其僞檄示語悖逆。僞檄無姓名年月。僞示有都督府孫字樣。據提督李準言。獲訊各匪並不能指出孫姓係何人。顯係匪首陳芸生等附和孫逆。有意煽惑。此十二至十六等日官兵擊平各匪救出被虜官兵之情形也。當匪氛初起之際。號召黨羽。勢甚披猖。後知大兵將臨。海面並有兵輪堵截。匪聞風膽落。井洲戰敗。古樓奪回。棄械紛散奔逃。十八日提督李準督軍到境。聲勢大振。派兵會合追搜。獲匪頗多。各軍起獲槍械甚夥。黃金福馳至分水關。與福建軍官相見。查得詔安縣並無股匪竄入。居民安謐。是役也。官軍接仗七次。殺傷賊匪五六百名。自該匪起事以來。六日之間即行撲滅。未擾村鎮。亦未擾及鄰境。地方一律平靖。戕官匪首余昇第擒獲正法。曾金全業已陣斬。在逃之陳芸生余丑余天錫等仍飭四路搜捕。務絕根株。查此次匪徒起事。該管文武不能先事預防。致出戕官踞寨重案。厥咎甚重。相應請旨將實任黃岡同知謝蘭馨署黃岡都司隆啓調署饒平縣正任廣甯縣知縣鄭世麟巡防營弁哨督標候補千總蔡河宗一併革職。署黃岡守備裁缺鎮標左營左哨千總黃其蕃先已另案革職。尚未交卸。此次復剿匪不力。應請從重發往軍台効力贖罪。該管鎮道府並不同城。例得免議。且一經聞報。即行進兵撲滅。辦理尚屬迅速。擬懇恩施。免其議處。至署拓林司巡檢王繩武巡城把總許登科鎮標拔補外委邱焯五品軍功林淸爲匪所戕。死事慘烈。相應籲懇天恩。敕部從優議卹。以慰忠魂。一切善後事宜。責成該道府等會同該鎮。督率營縣妥辦。並與福建文武議定稽查會哨之法。以期永保治安。遺失裁缺副將並同知各關防設法查起。分別送銷換鑄。謹奏。

香港籌餉之失敗　在潮州革命軍將發動前。中山嘗親書一函致香港富商陳庚如陳席儒楊西岩三人。請合籌軍餉十萬元。爲惠潮梅革命軍大舉之需。該函乃由河內郵寄馮自由。介交陳少白辦理。蓋少白于丙午春卽協助陳楊等設會反對粵督岑春萱攘奪粵漢鐵路事。一切計畫咸出其手。時中國報尙由少白主持。故亦不啻爲陳楊等所設粵漢鐵路股東維持會之機關報。中國報之被粵吏禁止輸入廣州。卽由于此。因是陳楊等對于少白。頗能言聽計從。當中國報被保皇黨控告時。（參閱本書上編第二十三章第一七四頁）陳楊等嘗對陳少白馮自由等言。願出資萬元向文裕堂購買中國報。以酬謝革命黨人協助彼等之勞。及中國報瀕于破產。陳楊等竟食言而肥。始由馮自由李紀堂李煜堂等集資購受。方不致落于保皇黨之手。中山與陳楊等原屬舊識。且因中國報兩年來協助陳楊等爭路之關係。故親致函請其助餉。詎少白得書後。謂陳楊等非有心革命。向之籌款。徒傷感情。遂退回原函不允代交。馮自由乃由中國報將該函直接送交德忌利士輪船公司陳庚如簽收。（陳係來往香港汕頭之德忌利士輪船公司買辦）函去數日。卽遇黃岡革命軍起事。全粵震動。馮以陳楊等久無復書。乃使李紀堂赴德忌利士公司訪庚如探其意見。庚如竟對李揚言革命黨起事爲妨害商務。殊屬不智。如此次黃岡作亂。彼之輪船公司營業大受損失。卽爲明證等語。李以庚如如此措辭。遂據以報告中國報。同盟會諸同志以陳楊前既不踐協助中國報之約。已屬負義。此次既不助款。尤復公然反對。咸爲憤激。次日中國報卽著有「民族與鐵路」一文。痛論「今日救國須以實行民族主義爲根本問題。根本既解決。則其他枝節可以迎刃而解。爭路事件不過枝節之一端。有志救國者應從根本設想」云云。中山初意陳楊三人必能助餉以接濟惠潮之革命軍。至是始完全失望。

第四十二章　丁未七女湖之役

惠潮同舉之計畫　鄧子瑜之活動　七女湖之戰況
清軍之敗北　解散後情形　清吏之文電

惠潮同舉之計畫　當中山派許雪秋赴潮汕運動之時。原定惠潮兩府同時並舉。以分清軍之勢。先後派遣黃耀庭余紹卿鄧子瑜三人從南洋返香港辦理惠州及陽江陽春等處軍事。黃在庚子三洲田一役。曾任革命軍先鋒。以善戰聞。與惠屬會黨素有關係。故中山特派囘粵。使担任一方面之任務。丁未（清光緒三十三年）三月下旬。黃至香港。與汪精衛廖平子同寓寶慶坊機關部。不數日。陳少白來報告。謂香港警局已知黃入境。囑其注意。黃聞訊。倉卒返新加坡。徒由馮自由手領去公費一千二百元。未收寸效。事後。中山謂其犯畏葸病。良不誣也。余紹卿爲兩陽大盜。亡命竄南洋。中山以其可用。故遣之歸國。担任陽江陽春及惠屬一方面軍事。三月上旬至香港。向馮自由領去公費一千五百元。旋入內地。去後杳無消息。不知所終。

鄧子瑜之活動　鄧子瑜惠州歸善人也。任俠好義。有朱家郭解之風。向在香港新加坡間營旅館業。惠屬會黨之避地南洋者咸奉之爲東道主。其友陳佐平溫子純亦在港開設旅館。與內地會黨聲息相通。鄧倚之如左右手。是年三月。鄧以中山命返香港。佐黃耀庭進行軍事。黃去。遂由鄧負全責。四月中因潮州軍事緊急。乃派陳純林旺孫穩等在歸善博羅龍門等處分三路起事。結果三路中僅有一路發動。即七女湖之役是也。

七女湖之戰況　七女湖距惠州府城二十里。歸善縣屬之著名墟場也。陳純林旺孫穩等集合少數會黨于四月二十二日起事。一舉而刦奪清軍防營鎗械。斃巡勇及水軍巡船哨弁多人。二十五日進攻泰尾。守兵聞風而逃。於是連克楊村三達等墟。二十七日至柏塘。清營勇拒戰。黨軍殺其哨弁一名。盡繳其械。隨分攻八子爺公庄等處。各鄉會黨紛紛來會。聲勢大振。惠城人心異常恐慌。是時惠州府縣兩城商董有電廣州營務處告急。電文云。

營務處憲鑒。惠州向稱盜藪。近因欽潮肇事。歸善博羅土匪潛圖蠢動。警報迭聞。今日辰刻距府城二十里土名七女湖。水巡扒船被刦。斃勇奪械。該墟被掠。聲勢頗張。并聞由港澳逃來及村鄉伏莽者。數以千計。府城營勇調遣四散。城內兵單。人心惶恐。伏乞迅速撥勇即日到惠駐紮城中。以鎮人心。而安商業。惠州府縣兩城商董叩。

清軍之敗北　粵督迭接惠州府陳兆棠請兵電。乃檄調駐惠各路營勇東路巡防各營管帶洪兆麟李聲振吳鰲等率所部會勦。繼恐兵力不敷。復調新會右營守備中路巡防第十營管帶鍾子才趕速赴援。時黨軍有衆二百餘人。橫行于水口橫瀝三徑蔗浦等處。所向披靡。初二日洪兆麟率兵到八子爺。爲林旺率黨軍五十人從山上邀擊。洪中鎗墜馬。所部死傷極衆。李聲振鍾子才各部亦連戰俱北。省城爲之震動。粵督復電飭水師提督李準。移攻黃岡之師從汕頭往援惠州。順道由澳頭登陸。黨軍與清軍混戰十餘日。來去飄忽。使清軍防營爲之疲于奔命。嗣得鄧子瑜自香港派人來報。知黃岡事敗。他處亦未響應。且彈藥缺乏。勢難持久。遂拔隊至梁化墟附近村落。將鎗械埋于地下。然後宣佈解散。

解散後情形　陳純等失敗後逃至香港。馮自由以粵省偵探環伺左右。乃遣往屯門青山之李紀堂農場暫避。旋復使之赴南洋。鄧子瑜因爲此役主動人。被香港華民政務司勒令離境。孫穩于己酉冬（清光緒三十五年）從新加坡回港。潛入惠州。及再至港。卽被清吏控以擄刦之罪。拘之于獄。經黨人延律師抗辯。涉訟數月。不能得直。卒被港政府引渡粵吏加害。

清吏之文電　是役惠州府陳兆棠等報告黨軍發難文電。擇錄二則如左。

（其一）惠州府陳兆棠上粵督電

頃據洪李兩管帶禀報。廿七日由柏塘拔隊跟追。午刻到八子爺城地方。匪徒百餘人。各持鎗枝先登山埋伏。我軍追至。匪亟放鎗拒敵。標下等督率弁勇。分投兜剿。各團練陸續接應。四面攻擊。鎗彈如雨。鏖戰至酉。匪漸弱。隨戰隨退。由山仔一帶沿山逃竄。標下等仍督隊窮追。務期撲滅。計當場格斃悍匪數十名。斬獲匪徒首級三顆。擒獲要匪石亞佛一名。獲得快鎗七枝。小鎗六枝。大號旗尖角旗各一面。小令旗一面。上書革命軍都督朱令字樣。雕毛扇一把。匪贓銀千餘元。該處地勢險阻。匪徒負山拒敵。我軍奮勇前進。被匪拒斃勇五名。受傷三名。督隊窮追。隨後獲匪再行稟解外。先將獲匪石亞佛並斬獲匪目首級奪獲匪旗鎗械等件。由何千總培清解府呈驗等情。查此股匪並經先飭賀管帶由响水馳赴堵截。匪黨若由博屬之横河逃竄增城等處。亦必堵擊窮追。不日復由吳統帶撥隊。由博屬之湖鎮馳赴横河一帶會同追剿。如何情形。容後續稟。兆棠稟鑒。

（二十九）

（其二）博羅縣令上省吏稟

敬稟者。竊照土匪梁亞珍卽梁慕光等近由香港潛回圖謀起事。業經卑職將籌防拿辦以及七女湖水陸營被傷斃各情。迭次稟陳鈞鑒在案。至於匪蹤。探分龍門歸博數股。意擬先攻博城。而後大舉。迨水南匪黨薛貴林等十三名。仰賴憲威。按名獲辦。知卑縣已有防備。始各驚散。其七女湖股匪。先經卑職稟報本府調營兜拿。一面商請東路巡防第五營吳鶖將撥往清鄉營勇抽集追捕。該匪隨從七女湖竄至派尾楊村三達柏塘一帶。旋由柏塘八子爺等處圖來縣城。新陂蘆洞响水鄉團練協力堵禦。各營追及接仗。又轉竄歸善之蔗埔而去。竊以此次匪勢雖甚猖獗。現以大兵雲集。分路勦辦。似不難卽日撲滅。但聞羅浮山附近之處。又有著匪黃甯瑞梁春秋黨羽結黨潛匿。亦經會商中路巡防第十營鍾管帶子才。於四月三十日督隊往捕。險將搜捕情形隨時採禀。一面會同營汎嚴密籌防外。理合禀報大人察核。再縣城民心現尙安定。足紓憲荖云云。

第四十三章　香港余紀成之獄

被拘之原因　第一次之勝訴　第二次之勝訴　出獄後之脫險　香港政府之損失

被拘之原因　余丑號紀成。潮州饒平縣黃岡人也。在潮屬三點會員中資格頗老。會衆多服從之。許秋雪運動革命三次。皆引余爲左右手。黃岡革軍即余爲之領導。丁未四月十六日事敗。乃挈眷從黃岡沿海乘帆船逃香港。與許雪秋同寓于蘭桂坊某號。擬俟駐潮清軍他調。然後返黃岡謀再舉。時粵吏于黃岡事定後。即派偵探多名至港。查察革命黨行動。探悉余丑現匿跡某處。遂照會香港警察司。指余爲打家刦舍之大盜。請求引渡歸案。港吏乃于五月十二日捕余入獄。

第一次之勝訴　馮自由得余丑被逮消息。立延律師庚先向香港警察裁判所抗辯。謂余乃黃岡起事之著名革命黨。何得誣爲大盜。并將黃興給余之委任狀送呈法院爲據。中山在新加坡亦移書香港總督卜氏。證余爲革命黨。港督得書。乃請雅麗士醫院中山舊業師某醫士驗明是否中山筆迹。某醫士不能斷定。庚先以清吏重視此案。耗費甚巨。商諸馮自由李紀堂陳少白。擬添聘前任檢察廳長現充大律師之白克理爲助。馮等從之。六月初警察裁判所開訊此案。清吏預延律師控告。僞做證據。證明被告曾于某月某日在某地行劫。余方亦有證人證明是日余在某地作何事。雙方律師辯駁多次。至十一月某日卒由警察裁判所判決被告無罪省釋。

第二次之勝訴　余被釋後。復由清吏僞做別案控之于香港高等裁判所。預出拘票。于余離獄時再拘之入獄。馮自由乃再延庚白兩律師爲之抗辯。於是此案前後牽纏至八閱月之久。高等裁判所爲此開廷十餘次。白律師歷舉英國對于他國政治犯之先例。口如懸河。聞者嘆服。至戊申正月。高等裁判所復判決余丑以無罪釋放。

黃岡革命軍首領余通之墓

出獄後之脫險　清吏誣控余丑二次失敗。仍欲再僞做他案拘之入獄。馮自由聞訊。乃令余潛匿別所。預購麗生輪船票。使同志海員密藏之于船旁小舟。俟船既開行乃出之。以是余得安然抵新加坡。至辛亥革命始回汕頭。與許雪秋同任軍事。因衛兵失愼。被鎗擊身死。

香港政府之損失　余案既得直。尚有香港政府須賠償訟費之一問題。蓋港中警吏之逮捕余丑。以徇清官之求。並未依照合法手續。故訟旣敗訴。則依法不能不代淸政府負責。而賠償被告訴訟之損失。統計余丑一案。革命黨所耗訟費及律師費不過五千元。惟事後律師向港政府代索償一萬一千五百元。後經法院審查用途。僅判給九千五百元。然已溢出被告所付訟費總額四千五百元矣。因是被告不獨不賠錢。且有溢利。洵爲從來訟案所罕見。且于吾國革命黨生色不少。是亦英國法律保護人權之特色也。中山聞此案具此成績。乃介馮自由僅向律師庚先收回一千元。餘款槪贈送庚白兩律師作報酬費。

第四十四章　丁未防城之役

官逼民變之慘狀　革黨在欽廉之勢力　王和順入欽情形　防城之佔領　襲取欽州之失敗　進攻靈山之戰　黨軍解散後情形　清政府之文告

王和順肖像

官逼民變之慘狀　清季粵吏仰承滿政府意旨。施行種種雜捐。橫徵暴斂。無惡不作。而以欽廉兩府爲尤甚。欽廉地瘠民貧。不堪其苦。欽州之那黎那彭那思三墟土產蔗糖甚富。各墟民因糖捐繁重。遂于丁未春舉紳耆數十人乞哀于府吏。冀稍減。府吏悉囚數十代表。以爲恫嚇之計。鄉民大憤。乃聚衆抗捐。組織一會。名曰萬人會。有劉思裕者。素得衆心。時被推爲首領。振臂一呼。從者數百人。

遂糾衆入城。徑釋囚。載與俱歸。欽廉道王秉必先派分統宋安樞率勇彈壓解散。墟民抗拒。官軍開槍迎擊。斃民數十。民益結衆自固。聲勢甚盛。王道遽飛檄省吏請兵。指爲土匪作亂。粤督周馥乃派統領郭人漳率兵二營。標統趙聲率兵一營。馳赴欽州。會同總兵何長淸合力攻擊。省中大軍旣到。遂向肇事鄉民大肆焚掠。四月初一日克復那思。初三日連破米仔村木蘭塘二處。復以砲隊猛攻那彭那黎。克之。斃劉思裕及鄉民無數。那㴲那彭那麗諸墟在欽州中以豐埠聞。官吏指爲匪巢。以炮洗之。廬舍爲空。老稚之屍山積。欽廉之民以是之故。怨懟益深。乃派代表赴越南河內乞援于革命黨首領。願爲內應。

革黨在欽廉之勢力　是時中山克強均在河內。方規畫攻取粤桂滇三省爲革命根據地。而統領郭人漳方奉調駐兵欽州。標統趙聲亦駐兵廉州。兩府兵權漸入革命黨掌握。機局之佳爲從來所無。適欽州三那鄉民所派代表梁建葵梁少廷到河內求謁。中山不知虛實。先派鄺敬川偕二梁至欽調查。知該處民團痛恨淸吏。大可爲用。遂派克強赴欽州佐郭人漳。胡毅生赴廉州佐趙聲。復命王和順入欽州腹地。聯絡民團大舉發難。

王和順入欽情形　王和順先偕胡毅生至廉州。居趙聲軍中十餘日。易名張德興。由趙給與軍事委員委任狀。遂偕霍時安。經區家墟平銀渡至欽州府城。沿途防軍皆信爲政界委員張某。無有知其爲革命黨要人者。居府城一日。即取道赴那桑。三那父老己派人遠接。時梁建葵梁少廷方在各鄉村組織革命軍。預備發動。有槍數百枝。劉思裕之姪顯明率數百人來會。聲勢頗盛。王和順初與趙聲約。擬由王率黨衆進取南甯。而趙以所部新軍自後尾追。相機暗助。倘得南甯後。攻取他處亦用此法。後以運動南甯清軍目的未達。始變更計畫。王率黨衆來往三那附近。日謀伺隙而動。抵平吉時。劉顯明因王久無辦法。遽引所部散去。王統餘衆至板城墟就食。蓋是時欽廉各地尙未行用中外紙幣。而攜帶銀元更爲不便。故革命黨人來往欽廉。恒在越南或香港預購金器金葉等物。爲交換物價之用。幸欽廉各鄉村居民對于革命黨異常歡迎。沿途供給糧食。惟恐不力。王等得以四處活動。不虞匱乏者。鄉民協助之力爲多。

防城之佔領　王在三那停頓數月。迄無發動之機會。適駐防城清軍連長劉輝廷李輝堂二人有反正之意。乃決計在防城發動。派員赴越南偵求中山同意。中山以防城近白龍口。有海上接濟之利。大爲贊成。乃電香港馮自由及日本長崎萱野長知。令即僱輪船。將預購軍械運至白龍港起岸。備革命軍取用。旋因從日本運械至欽州沿岸。須由河內香港二處輾轉傳遞消息。事實上必不能于最短期間做到。且是時適有東京幹部黨員及日人北輝次郎等風聞萱野所購槍枝全屬廢物。遽用明電告香港中國日報。謂此項武器萬不能用。以是春光外洩。而船械均不能如期開來。遂不得不變更計畫。另覓相當地點爲接械之準備。王以運動成熟。機不可失。即于丁未七月下旬。率黨衆二百餘人。從三那兼程襲取防城。廿七日開始攻擊。廿八日清軍駐防衡字營連長劉輝廷及團長唐浦珠在內響應。駐對河之連長李輝堂繼之。黨軍入城。殺清知縣宋鼎元及其幕賓家屬等十九人。四處張貼中華國民軍都督王告示。於是全城大定。即日拔隊向欽州府城進攻。欲以迅雷不及掩耳之勢。襲取府城爲根據地。惜仍進軍遲緩。使敵得以從事戒備耳。

襲取欽州之失敗　黨軍前進時。適連日大雨傾盆。道路泥濘。大礙行軍。行一日一夜始達府城外。遙見城上燈火密佈。知已有備。乃下令退却。駐兵于距府城二十里之地。黃克強在城中聞訊。商諸統領郭人漳。以出巡爲名。帶兵一連出與王商議進行方法。克強述郭意。謂城中有欽廉道王瑚及所部多營爲梗。欲使王和順督所部先進攻廣西。佔南甯後。郭即設計除王瑚以反正。幷允助王彈藥以備攻取。王不贊成此策。仍力主攻城之議。克強不得已。乃私約以夜間暗襲。由克強帶兵開城接應。蓋郭部將弁多克強故交。且信克強至深。即無統領命令。克強亦有指揮之能力也。然克強帶兵出巡事已大起王瑚之疑。及聞郭部有通敵之報。乃自督率親軍巡城。嚴爲之備。克強于夜午開城之計遂以不成。王于七月初三晚引兵至城外。

見無接應。知事有中變。仍退駐原處。旋得克強密報。告以城中有備。未易下手。仍勸令進攻南甯。時革命軍總數不滿五百人。而城中有兵數千。若與正當開戰。勢難取勝。南甯向屯駐重兵。且素乏聯絡。亦不易攻取。聞靈山守衛空虛。大可乘隙而襲。於是決計進攻靈山。取道入桂。

進攻靈山之戰　黨軍行三日而至南勞墟。沿途鄉民熱烈歡迎。民團多攜械來投。有衆千餘人。惟槍械則不滿千。再行半日抵檀墟。距靈山城十二里。城外有一山曰六峯山。山下有一橋曰環秀橋。相傳環秀二字乃一富戶美婢之名。遺有豔迹。鄉人皆能道之。橋距城約半里。王和順預命該處同志陳發初製竹梯三十具。備登城用。詎陳僅製備二具。殊不敷用。至是王派精銳二百人先登。登者僅劉梅卿等數十人。後到者因梯折而退。劉等在城內與防軍苦戰一日。傷亡頗衆。城外黨軍因城不易下。乃退駐小山。次日有清兵千餘人從南鄉來援。黨軍乃一面攻城。一面分兵拒敵。劇戰三日。以彈藥告乏。始拔隊退却。遂由滑石岡鳳凰山武屋北通等處取道回三那。

黨軍解散後情形　黨軍至三那卽宣布解散。由梁建葵率精銳之一部退入十萬大山。王和順仍赴越南。此役粵督張人駿奏參王瑚。謂其擁兵不援。坐昧事機。請將其撤任歸案究辦。

清廷于八月廿六日下諭。令將該管官提督丁槐知府王瑚交部議處。克強經此次蹉跌。仍與譚人鳳來往欽廉越南之間。再謀窺粵。其與王和順結伴至欽州之霍時安。原屬郭人漳部哨弁。革命黨與郭部傳遞消息。多賴其力。及克強離欽。郭恐其洩漏祕密。竟借他事殺之。

清政府之文告　附錄清廷諭旨及粵督張人駿奏報防城革命軍起事情形摺如下。

八月二十六日清諭。張人駿電奏防城失事。查明兵匪勾結情形等語。此次防城失事。係衛軍左右兩哨與縣署親兵通匪內應。結成一片。致釀成攻署戕官劫掠公帑放脫人犯重案。殊堪痛恨。管帶左江巡防隊補用守備譚炳榮所部弁勇通匪作亂。事後又飾詞朦禀。實屬昏庸謬妄。著革職永不敘用。並拔去翎枝。發往軍臺効力贖罪。左哨哨弁儘先拔補千總楊國標右哨哨長儘先拔補把總韋普香雖遠赴大直。亦平日約束不嚴。江坪營千總賴廷華雖因公外出。實屬疏於防守。著一併革職。拔去翎枝。在逃之左哨哨長儘先拔補把總劉永德右哨哨弁藍翎儘先拔補千總李之焜俱有通匪實在確據。著即通飭查拿。緝獲後即在軍前正法。前署廉欽道四川補用知府王瑚遲不發兵。調度乖方。著交部議處。廣西提督丁槐身爲統將。所部哨弁有通匪重情。平日毫無覺查。遂據一面之詞率行入告。實屬有心迴護。著一併交部議處。仍著張人駿嚴飭各營趕緊追剿。務將匪首及在逃弁勇悉數殄除。毋任漏網。以靖地方。餘著照所議辦理。該部知道欽此云云。

第四十五章　丁未汕尾之役

運械地點之選擇　萱野在日之活動　接械起事之計畫　第一次失敗情形　第二次失敗情形　幸運丸案餘聞　計取二辰丸械之中止　關于運械事件函牘

運械地點之選擇　革命黨從外國運載軍械以供起事之需者。以汕尾一役爲最著。先是中山及日本人萱野長知于丁未春間已有從日本購取大宗軍械租賃商輪運至粵省相當港口接濟起事之計畫。惟以選擇地點。極形困難。延未舉辦。最初擬在潮州饒平縣汫洲港後宅港籍籃港三處擇一卸陸。供給許雪秋等發動。因黃岡黨人倉卒舉兵。未及進行。乃改議在欽州白龍港起陸。以接濟三那王和順部隊。復以運械到達須與黨軍起事時期相同。方不致爲清吏防害。

許雪秋萱野長知合照

王和順遠在三那。每有舉動須先遣人赴越南河內機關部報告。迨河內機關部（時中山在河內）定議運械。又須電囑香港轉告日本萱野。輾轉傳達。實爲軍事上所必不可能。因是白龍港之議亦卽取消。嗣黃岡防城相繼失敗。許雪秋提議謂海豐縣汕尾港距汕頭香港二處甚邇。交通利便。黨人至衆。大可爲起事及停船接械之適當地點。倘械到有期。彼可先期召集海陸豐各鄉士人接受發難等語。中山等極贊成之。遂電令萱野在日本進行租船購械各事。以備剋期發動焉。

萱野在日之活動　購械事件係由萱野一人負責辦理。香港機關部旣選定汕尾爲起陸地點。萱野遂于五月初七日乘輪渡日本進行一切。是月二十日自長崎電香港。謂購貨租船二事均有頭緒。囑卽匯款備用。卽由馮自由經正金銀行電匯長崎寶屋轉萱野收日金一萬元。萱野於是奔走東京神戶長崎之間。至爲忙迫。日本同志助之者僅宮崎寅藏三上豐夷前田九二四郎等數人而已。經營三月。始告成熟。計由鎗砲商購入明治三十八年村田式快鎗二千枝。每枝帶彈子六百發。鎗頭小刀革囊各附屬品俱備。另日本古刀五十具。將校用軍刀二十具。短鎗三十枝。各配彈子百發。此項鎗械買價頗昂。除先付萬元外。餘款概由山下汽船會社主人三上豐夷担保清償。犬養毅聞之。更贈極古之寶刀三柄。以壯行色。此外僱用商輪事亦大得三上之助。船名幸運丸。載重二千八百噸。乃日本紀州和歌山縣藤岡幸十郎所有。由山下汽船會社租用。該船適有代三井洋行載運煤炭往香港之約。萱野三上爲節省經費計。乃命該輪船主將此項軍械順道載往汕尾港起陸。日本同志願趁船赴戰地效力者。除萱野外。尙有陸軍大尉定平伍一及前田九二四郎（宮崎寅藏義弟）金子克已（現當長崎東洋日之出新聞社長）三原千尋松木壽彦望月三郎日下口口諸人。至六月中旬。萱野遂電告香港馮自由。使速派熟悉汕尾地勢之引港人渡日。以供幸運丸航行之指導。

接械起事之計畫　許雪秋既担任辦理汕尾發難及接收海上軍械事件。卽于六七月間先後派許佛童范媽昏林鶴松李子偉吳金彪諸人分途進行。至八月上旬已佈置就緒。預備于軍械到著時可召集海陸豐沿海岸會黨萬數千人聽候指揮。同時萱野亦電香港。稱船械兩事俱妥。囑立派引港人前往日本附船指導。適同志鄧慕韓于八月十三日因事東渡。馮自由乃托鄧帶領引人港陳二九等二人赴神戶。供萱野調度。彼此約定于船械出發前一日由長崎電告香港。然後由香港通知汕尾。屆時汕尾卽派大號漁船二十艘遊弋汕尾附近海面準備接械。該輪須于夜間入港。用紅燈爲號。藉避淸吏耳目。蓋汕尾距香港至近。每日有小火輪來往。數小時可達。兩地傳達消息固非常靈便也。

第一次失敗情形　九月初二日香港機關部得萱野電。知船械約初五日可到。許雪秋遂偕劉思詠（柳聘儂改名）譚劍英等多人於初三日赴汕尾。距是早登小火輪時。猝見有清碣石鎮總兵吳祥達之偵探同舟。懼而登岸折回。僅遣劉思詠等先行。翌晨始乘輪再往。因此一日之稽遲。遂致接應船械事不能充分準備。其關係于此役之成敗。非淺鮮也。萱野偕鄧慕韓陳二九定平前田日下諸人初二日乘幸運丸自長崎出發。所搭載鎗械均置甲板上。陳二九等從未覩此精良武器。咸嘖嘖稱美不置。初六日上午船抵汕尾海面。久未見有漁船接應。停泊三句鐘。始見許雪秋駕一小舟來探消息。萱野責其籌備不善。令速以大船至。許匆匆去。謂數小時後大船必來。距是時汕尾捷勝沿岸連日因許招集會黨預備大舉。風聲四起。及見日輪停泊近海。沿岸聚觀者萬數千人。清總兵吳祥達先有所聞。曾飭屬戒備。汕尾碣石附近原駐小兵輪一艘。其艦長以該處海面向非停泊大輪船之所。乃有日輪在此逗留半日。深滋疑惑。遂駛近日輪前偵查行動。萱野以運械船未到已惹起清艦注意。欲將船駛往別處。伺晚間再來。惟船主以該輪原租與三井洋行載煤。如遇意外。無以對三井。主張逕駛往香港。再圖別法。萱野不能阻。船遂啓碇南行。雪秋及黨人見日輪一去不返。大爲懊喪。時有人提議趁各地同志聚集未散。宜即率衆往擒吳祥達。謂吳部下同志不少。此舉決可成事。許不能用。任事諸人不得已陸續歸香港。查此役失敗之原因有二。一許雪秋身任司令。乃於發難前數日尙逗留香港。不親往辦理僱船接械事。以致日輪抵汕尾多時。久無帆船接應。自難免清吏之起疑。二日輪之搭載軍械。乃友誼的而非僱用的。故不克守夜間入港及紅燈爲號之約。卽其一去不復再來。亦由于此。職是之故。遂令此千載一時之利器不能供革命軍作戰之實用。殊可惜也。

第二次失敗情形　初七日清晨幸運丸抵香港。鄧慕韓陳二九同赴中國報報告運械失誤經過。馮自由乃急邀胡漢民萱野定平前田金子三原日下及惠州同志溫子純曾節夫曾儀卿等在堅道七十二號機關部開會。討論補救方法。結果擇定惠州平海爲第二次卸械地點。該處界于香港汕尾之間。交通利便。土人多屬三合會籍。節夫儀卿叔姪二人久在其地拜盟立會。熟悉會黨情形及地方形勢。卽由儀卿先乘小火輪赴該處召集黨人預備接械。而節夫子純則担任在港招募同志五百人。預計三日後三井洋行煤炭起卸完畢時。卽由萱野率領各人乘原船駛赴平海。與岸上黨人聯絡大舉。議決後。卽由馮自由給資令曾溫等趕赴各地籌備一切。距初十日早駐香港日本代理領事忽以電話召山下汽船會社經理人到署。謂港督得粵吏電。稱有日本商輪代革命黨人載運大批軍械至港。祈代查明扣留等語。特詢該公司有無此事。經理人以實對。日領謂載械有犯港律。現警察已著手偵查。如發覺。必發生交涉。切囑該輪立卽離港避禍。經理人不得已。乃不俟三井所載煤炭卸畢。遽命該輪啓碇返日。事後萱野始知其事。雖欲使之暫停泊平海近附。然己不及矣。於是第二次接械起事之計畫又成水泡。

幸運丸案餘聞　幸運丸既返日。所搭載軍械爲日警扣留。久無辦法。三上前旣保證購械借款。至是又須負責承受該輪所未卸畢之三井煤炭。二項損失。實屬不貲。幸運丸於次年因與別輪相撞。竟沈沒於門司港外。日人遂以不幸運稱之。是役失敗之後。惠潮方面軍事遂暫告停頓。許雪秋赴新加坡。萱野歸日本。胡漢民池亭吉往越南。許佛童爲是役主要人物。事敗逃至香港。被清吏誣以盜案。拘之于獄。卒以訴訟得直開釋。

計奪二辰丸械之中止　是年冬。馮自由據同志溫子純林瓜五報告。謂澳門商人柯某由日本僱用商輪私運軍械至澳門轉售內地圖利。第一次目的已達。獲利甚厚。今又謀第二次私運。聞其數目爲村田式鎗一千枝。不日可運到澳門附近華界海面起陸。吾黨可設計奪取。卽以此械爲起事之用等語。瓜五爲香山著盜林瓜四之弟。瓜四死後。卽代領其衆。與柯某向有售械之關係。其言自有可信。故馮聞之。卽令其担任奪取澳商運械之任務。擬於船械到達時。卽率領所部攻擊來船奪取武器。隨卽駛至香山錢山附近供給黨人起事。籌備將竣。復據瓜五偵查。柯某此次運械雖有一千枝。而鎗彈不過十萬顆。其卸械地點乃在葡界而非華界。且有葡人代其包運云云。馮乃召集溫子純陳佐平等開會研究。終以鎗多彈少。不足供實戰之用。

且在葡界易起交涉。即瓜五所部勢力範圍亦限於華界。故議決停止進行。至戊申正月遂發生二辰丸一案。清艦拘獲該輪地點。即在澳門附近之葡界海面。非中國主權所及。因此惹起絕大之交涉。卒不免有鳴砲道歉之舉。該輪所載鎗械。即屬革命黨初擬奪取而復罷議之物。世傳二辰丸一案與革命黨有關。且有謂即幸運丸原物者。均非事實。

關于汕尾運械事件函牘　汕尾之役既失敗。中山自河內嘗致書萱野加以慰勞。附錄該函如左。

萱野先生閣下。前月聞閣下駕經返港歸日本。因有書寄三上君。並爲閣下述械事。諒已達覽矣。頃得精衛兄來書。乃知閣下以關於東事曾以西十一月廿六電問。而此間回電不明。閣下有不釋然之點云云。查西十一月廿六日得精衛電。其文云。「運電已收否。昨到當偕鄧往各地運動。今乃居無聊。且未得回書。欲回來。如何辦法。祈詳電」。當接此電時。以爲精衛自述在星無聊。不指他人。而十二日此間曾致一電與精衛。其文云。「日本來函必欲派一人回京。以維報局。而安人心。已與克展兄詳議電復。公等勉支報事。精衛準西年底回東。籌款如何。電復」。故廿六日電所謂回東如何辦法。亦即以爲精衛問伊自已回東整理報事。維持東京團體辦法。遂覆電與精衛云。「候偕往及得款回可再商回東事。近事複雜。無關運動。故未回書。（其時亦得精衛星坡書未回）德事略滯待急。」所謂近事複雜無關運動者。乃指在西所圖之事複雜變幻。而進步甚少。無能有益於精衛之經濟的運動。故未與精衛書也。今得精衛最近來書。乃知前電係爲閣下而問。原電有「萱久居無聊。且未得回書。欲回東云云」。萱久二字誤電作今乃。詞意不明。遂致兩俱誤解。殊出意料之外。此間若不接精衛此次來書。尙不明此電爲閣下而發。而精衛至今亦當尙未明此處之電之意也。至於此間得閣下倩精衛代作之書。其時已了然於東事之失敗。其責任全在許雪秋一人。夫閣下之任務。以能使軍械載運至目的地。卽爲完全無闕。而許氏乃遇事倉皇。偵候不明。不知有兵艦。預備不周。不能僱備大船。報告不實。（指李子蔚之報告日船）以致雖已運送到目的地之軍械而仍不得其用。故曰其責任全在雪秋一人也。而且雪秋關於潮事至此已三度失敗矣。伊自乏條理。而其左右如李子蔚林鶴松翟才尤劣下。故此後各事不敢復信用於雪秋。而軍械處置問題乃其他之事。則弟實欲閣下一來河內面商其法。故致電精衛云「遲款及萬當邀萱鄧同來。」卽係欲邀閣下商議辦東械各事。而所以待款者。則因閣下來函述及吉田等回來之措置及再來之方法。均非得有數千金以上之款。則各節問題均難解決之故。弟見精衛在西貢運動頗稱得手。以爲暹亦易得手。而萬元之款不難。款一得而邀閣下同來。則可相議東事之辦法。而軍械可得其着落。詎精衛到暹。籌款不多。自暹返過星加坡。寄來十一月廿六之電。此間以爲精衛自言歸東。旣覆電後二日。精衛再來一電云。「萱得電决卽回京」。此得電云云。猶疑爲閣下別得東京之電。而不悟爲得此間之電也。是以此間於前得閣下星加坡書時未作覆者。以爲各事非面商不能妥善。而渴待精衛之籌款於暹有獲。且以爲精衛自暹必經星加坡而後返河內。則良晤不遠。無待覆書。及精衛於暹所獲不多。歸星加坡不數日。而遂得閣下歸日之電。尙以爲日本東京或神戶有電催閣下歸。故始作書寄三上及閣下。而前此未嘗覆書者。則純以上之理由。而絕無所疑於閣下之行事者也。雪秋權責在接收軍械。而舉軍於惠潮。閣下之權責在於運輸軍械至於目的地。雪秋旣不能接械。而其所經營之地點亦復不能再舉。則事實上其權責已歸消滅。閣下運輸至目的地責任無虧。然以運回日本之故。因而更生新權責。但解决如何輸入日本及如何領收之問題。非弟智能所及。惟有聽閣下次度之報告。而弟所急欲聽之。又其介紹書乃閣下與胡言之再三。以許行旣不可阻。又必強邀閣下去。因慮許氏言不踐實。許瀕行謂「到星加坡萱野君一切費用我均任之。」而胡不信也。故爲閣下作書至張陳等。使爲東道主。其書因言閣下係與許氏來籌款云。亦未知軍械輸入領收之能安全與否。若既得安全領收。則乞以電報知。現時經濟問題雖未能解决。然欲商爲由日本運至澳門附近之海面。由他人請負轉至目的地。如此則日船之再度運來無何等危險。其事較易。今雖未商定何處海面地點爲中途第一次接收之處。然望一得日本之消息卽電知弟等。俾易於商量爲如何再來他舉之計畫。以後所倚托於閣下之事正多。願閣下更爲鼎力賜助是幸。專此卽叩

俠安

弟孫文謹啓十二月廿六日

第四十六章　丁未鎮南關之役

關仁甫之活動　王和順之活動　鎮南關之佔領　孫黃同赴戰地　廿九日之炮擊　陸榮廷之密使　中山回越之布置　革命軍之退卻　清法之交涉　法文報之記載　清政府之文告

關仁甫肖像

關仁甫之活動　革命黨之經營桂邊軍事。始于丁未五六月間。其時中山克強先後至越南河內。革命軍之總機關部卽設于河內甘必達街六十一號。中山以王和順黃明堂關仁甫等在桂邊多年。情形熟悉。特使之分任鎮南關平宜關水口關等處之軍事活動。三關均屬桂邊要隘。尤以鎮南爲天險。法人至稱之爲東方第二之旅順口焉。時關仁甫因駐鎮南關清營長黃瑞興與已素善。遂遣心腹密函勸其反正。黃允相機納降。同時邊防統領總教練官易世龍及龍州廳幕友陳曉峯等二人亦贊助革命。允担任游說軍隊。以期內應。仁甫以時機漸熟。遂召集黨人籌備大舉。詎易陳通黨事忽爲桂撫張鳴岐駐越偵探所偵悉。張撫據偵探報告。嚴令龍州道莊蘊寬將易陳二人拿辦。易陳等因是被逮。不二日卽以被害聞。仁甫以經營失敗。于六月十九日從桂邊退回越南。途次被法國防兵拘押。禁于府涼瑋監獄者二十日。至七月初七日得當地華商多人蓋章担保。始獲開釋。

王和順之活動　防城靈山之役旣敗。黃克強王和順先後歸越南。中山命和順再著手鎭南關軍事。時桂邊憑祥土司李祐卿與革命黨早有聯祐。和順乃于丁未十月初五日。偕何海榮前赴那模村。欲與李祐卿商議奪取鎭南關砲台事。詎到文烟時。法國守兵疑爲日本偵探。被拘禁一日。次日解往諒山公使堂。始知爲中國革命黨。立卽釋放。及到那感墟。又被法警留繫一次。再三解說爲非日本人始免。至那模後。遂與祐卿議定于十三晚率所聯絡之遊勇奪取鎭南關砲台。并去電河內機關部報告成績。惟屆期祐卿所部遊勇與和順遽生意見。不聽調度。遂不克依時發動。蓋桂省綠林遊勇原分二派。和順乃綠林出身。故遊勇與之無情誼。和順知無可爲。乃快快歸河內。

鎭南關之佔領　中山以和順與祐卿所部不愜。遂改派黃明堂關仁甫經營鎭南關軍事。而使和順募集同志謀奪水口關。以爲聲援。明堂仁甫向係游勇首領。此次與李祐卿何伍數人同受革命軍重任。事前早與台上守兵聯絡成熟。至十月廿七日黎明。明堂等遂率那模村鄉勇八十人。快鎗四十二桿。循山背間道突然向關上右輔山砲台攻擊。守兵百餘人略事抵抗。卽相率納降。於是鎭南鎭中鎭北三台皆陸續入革命軍之手。靑天白日之革命旗隨風招展。附近遊勇來投軍者。不絕于道。次日駐憑祥淸軍防營統領派兵來戰。被革命軍施放大砲擊退之。

孫黃同赴戰地　中山于廿七日上午得鎭南關佔領電。翌早偕黃克強胡漢民胡毅生盧仲琳張翼樞日人池亨吉法國退職砲兵上尉男爵狄氏諸人。乘越西鉄路前赴戰地。在同登站下車。直向那模村進發。下午到達。關上已預派人來接。卽于是夜燃炬登山。克強因體胖量重。由數人扶挾而上。約九時抵關。明堂等奏樂歡迎。全軍鼓舞。時淸將陸榮廷尙堅守鎭南關本營。專候龍州大兵到援。日中僅派小隊向三砲台轟擊。故明堂等亦專候中山親到指揮。然後向龍州大舉進攻。

廿九日之砲擊　革命軍所佔據者爲右輔山砲台。非鎭南關全部。山上分鎭南鎭中鎭北三台。鎭南何五守之。鎭中李祐卿守之。鎭北爲三台之最堅固者。明堂守之。中山克強諸人皆在鎭北調度一切。廿九日淸晨淸軍援兵已到。齊向革命軍攻擊。中山等乃先檢閱砲台內部。查有十二生的克虜伯大砲一門。七生的大砲一門。新式四響機關砲一門。七生半野戰砲四門。白砲數門。大小砲彈數千發。其餘二台大略相等。是早七時法武官狄氏親自發砲。向距離四千密達之清軍營寨轟擊。第一彈命中。淸兵死傷六十餘人。呈混亂態。同時大小各砲陸續施放。遙見淸營著火。黑烟蓬蓬而起。

陸榮廷之密使　是日下午有樵婦持淸軍參將陸榮廷密函登山求見。函中大略謂榮廷現雖食淸朝俸祿。但以前亦曾統率遊勇。專與淸兵爲敵。此公等所知者。榮廷前以時運不佳。不得已暫時屈身異族。以俟機會。區區此心。尙祈諒之。榮廷初疑公等此次起事。近于輕舉妄動。及觀今晨砲火之猛烈。乃知有一代豪傑孫逸仙先生爲公等畫策。無任欽佩。榮廷現有衆六百餘人。隨時可以投入麾下。以供驅使。倘荷錄用。卽請給一確證。俾得知所去就。若至明日。則有淸軍五百自憑祥開來。後日更有淸軍二千自龍州開來。事急萬分。祈爲自重云云中山得書。乃召集明堂等討論辦法。結果以山上三台大砲雖多。而快鎗缺乏。無法進取。決由明堂等堅守五日。中山諸人卽日回河內籌款購械。以資接濟。一俟餉械運到。便可進攻龍州。幷函復榮廷使爲內應。議定。卽作密函。仍令樵婦賫返陸營。

中山回越之布置　廿九晚中山克強諸人別明堂等下山。仍從山後間道迂迴而下。時正大雨滂沱。以近敵營。不便燃炬。良久始達山麓。夜午抵文煙。宿于同志瑪邯家。翌晨有法國武官到查。池亭吉示以日本政府所給護照。謂彼偕同伴特來觀戰。並無別意。法武官無言。一一握手而退。十一月初一日十時四十分登車。正午抵諒山。已有河內僑商楊壽彭等來接。及抵河內。即從事于籌餉購械二事。時有法國銀行家前來接洽。願向本國代募革命軍債二千萬元。惟第一批若干萬元須于佔領龍州之日始能過付。雙方正在協商條件。而十一月初五晚已得鎮南關礮台失守電。於是借款事遂亦停頓。

革命軍之退却　革命軍堅守三台數日。清將丁槐龍濟光各路援師大集。數逾四千人。取包圍式。向山上環攻。明堂等悉力拒戰。迭傷清軍哨弁古景邦黃瑞興馬朝輔等多人。卒以槍彈告罄。糧食不繼。不得已于初四夜棄礮台而退。時滿山皆敵軍。明堂等率衆衝圍而出。清兵紛紛退却。革命軍中有一小童。見礮台上青天白日旗未撤。慮為清軍所得。竟以一人冒險重登山巔取回該旗。無恙而回。其勇氣有足多者。明堂等下山後。即令所部退入越南境之燕子大山。待時而動。計是役前後歷時九日。革命軍祇陣亡一人。死傷四人。清軍陣亡二百餘人。傷者無算。

清法之交涉　清政府自鎮南關一役後。即向駐北京法公使交涉。聲明孫文現居越南東京廿必達街六十一號寓所。指揮革命軍事。鎮南關事件是其主動。大礙淸法二國邦交。要求將孫氏驅逐出境。法使向巴黎政府報告。遂由越南總督諷令中山離越。中山至是乃將經營粵桂滇三省軍事付託黃克強胡漢民二人代理。于戊申二月從越南赴新加坡。

法文報之記載　關于革命軍佔領鎮南關事件。越南法文各報記載頗詳。譯錄數則如左。

（其一）十二月五日陰歷十一月一日法文東京日報

本月二日上午六時。號稱第二旅順口之鎮南關要塞忽爲中國革命黨所襲據。雙方猛裂攻擊之後。第一台先破。第二台繼之。紅藍白三色之革命軍旗飄飄然招展其上。第三台抵抗稍久。旋亦屈伏。下午二時亦已高懸革命旗。聞鎮南關大營守兵亦有預備倒戈之勢云

（其二）十二月六日法文東京日報

數日前曾有中國革命黨人約五十人潛伏于文煙諒山等處。本月二日忽離越境向鎮南關進攻。駐防該處之淸兵八十人略事抵抗。卽退入台上。現有民團二小隊巡邏弄桴布海附近。中國稅務司兼邊防巡緝司令吳哈楊親率所部到那模村前面。欲截斷革命黨人來往河內之要道。駐同登及那郭之法國守兵九十人以其越界佈防。拒絕其請。吳之計畫因以失效。革命黨人有由火莊攻取憑祥之狀。淸兵總數約有四營。革命軍之銳氣頗盛。但將多兵

少。是其缺點云。

（其三）十二月六日法文東京獨立新聞

近來華人從越南赴廣西邊界者。日見其多。留心時事者多疑不日有大事發生。至十二月一日果不出所料。是日夜半至二日拂曉。有中國革命黨人一隊從那模村附近突然攻擊鎮南關礮台三座。該處有清兵百數十名。守備一名。守兵皆已納降。守備不肯。乃褫其軍服。放之于同登。且許其自回諒山私宅。於是革命軍三色旗飄揚于三要塞之上。三日清晨至十時頃槍聲不絕。此乃革命軍從山上礮台與鎮南關東方之清軍小礮台互相轟擊之故。未幾山上忽吹洋號進軍。旋有革命軍四十餘人欲下山襲擊清軍大營。因清軍開放七生的野戰礮極爲猛烈。遂即退入台內。革命軍總數似有一百五十八人至二百人。又由同登至鎮南關之路上。有華人多名及日本人八九名。或乘馬。或乘車。馳赴戰地。此輩皆由東京而來。與此次軍事極有關係。風傳革命黨在諒山貯有巨款。該處居民曾目擊駐同登法國軍務官兼義勇團司令陶菲于二日率馬隊視察鎮南關時。革命黨對之行禮示敬。當革命黨首領等在同登休息及進飧之際。各人皆與法國武官交換名刺。極爲親善。故對法國絕無惡意云。

清政府之文電　清廷對於鎮南關失守事件。除將桂撫張鳴岐交部議處外。所有從征之文武官吏一概論功行賞。以爲效忠異族者勸。茲幷錄是年十一月張人駿張鳴岐電奏及清帝諭旨如下。

（其一）十一月初九日粵督張人駿桂撫張鳴岐奏報克復鎮南關電

右輔山礮台克復日期。先經鳴岐電奏。茲據龍濟光陸榮廷先後電稟。初三夜二鼓榮廷督全隊。陳炳焜率先鋒隊。曾廣義黃瑞興別領一隊。周文獻率親兵鄉勇。龍覲光率蕭順洪扼左輔山。梁太麟林紹斌分扼摩沙渠歷各隘。礮隊營分扼馬鞍青山各礮台。布置周密後。陳曾兩路猛進。直撲北台。各路同時奮攻。礮隊營用大砲向北台轟擊。台上石垣立崩。先鋒隊已撲至台外石壘後閘。用火藥焚炸。奈藥力不足。匪徒抵死拒守。未能卽拔。兵匪槍炮齊發。匪燃大電燈。朗照如同白日。黃瑞興腰際受傷。彈子穿透下部而出。各隊仍急攻不下。榮廷親督率全營大隊。由是夜戰至初四申刻。槍礮迄未少停。我軍愈戰愈奮。曾廣義卓瀛州等先後搶佔四方嶺及小尖山。賊無險可憑。悉數退入壘中堅守。各隊圍益近。急登壘旁高埠。用槍密擊。匪勢不支。仍然死守。至二鼓先鋒各隊躍登石壘。陳炳焜手斫中台匪纛。全軍繼登。匪隊紛奔壘南逃潰。壘南卽屬越境。我軍不能逾界窮追。只有用槍遙擊。雖斃無算。究惜未克盡殲。先是陳炳焜于初一日卽會同礮隊奪回北台後之土礅台及四方嶺小尖山三處。濟光周歷戰地。慰勞前敵出力員弁兵勇。見皆面目黧黑。形神惘散。幾非人形。黄瑞興古景邦王佩清馬朝輔受傷尤重。回思七晝夜血戰。令人感泣。是役均肉薄相持。陣擒者均受重傷。不能訊供。據探報。著名匪首疤頭梁之弟梁釟在北台擊斃。此外傷斃首要。猝難查悉。獲鎗七十六枝。他項軍裝甚多。兩軍現在仍在各隘口搜捕。尚未收隊。謹遵旨開列出力文武銜名稟請奏奬。並據龍濟光陸榮廷聲叙失守在前。不敢邀奬各等情前來。人駿鳴岐復查此次匪黨千餘。入手卽據砲台。其志實不在小。軍用品又極精利周備。卽電光燈可以槪見。右輔山本極險峻。易守難攻。匪之陷台也。據龍濟光查復。匪于先數月遣三人應募爲守台兵夫。匪至內應。又値是夜大霧。邏卒先爲匪戕。故失之甚易。加以山南出爲越境。接濟旣無從。邊軍地遠備多。兵力又難驟增。砲利台堅。宜無速克之理。卒賴朝廷盛福。仰承指授機宜。嚴申賞罰。將士倶能用命。竟於七日內克復。非初意所及。鳴岐籌邊無狀。致勞宵旰。負罪至重。而前敵異常出力。自應遵旨請奬。以勸將來云云。

(其二)十一月十一日淸帝諭旨

前因廣西鎮南關右輔山等處砲台被匪佔據。當將張鳴岐交部議處。並電令督飭各路統將協力進攻。尅期收復。續據該撫電奏克復日期。當經將奮勇攻克礮台之參將陸榮廷賞給勇號。並賞給弁兵銀兩。以示獎勵。飭將詳細情形查明電奏。茲據張人駿等查明電奏。稱此次匪黨千餘佔據礮台。軍械精利。右輔山險峻難攻。經龍濟光陸榮廷等血戰數晝夜。陣斬匪首。奪獲槍械甚多。於七日內克復礮台。辦理迅速。洵堪嘉尚。二品銜署太平思順道左江道龍濟光著賞給頭品頂戴。副將銜參將陸榮廷著以總兵記名簡放。知府銜四川補用直隸州知州龍覲光著以道員仍留原省補用。並加二品銜。補用知縣梁正麟著以知府留廣西補用。分省知縣周文獻著以直隸州知州留於廣西補用。候選府經歷林紹斌著知縣留於廣西補用。守備陳炳焜著以遊擊儘先補用。把總曾廣義外委黃瑞興卓瀛洲均著以守備儘先補用。都司銜補用守備蕭順洪著以遊擊儘先補用。畢業生王佩清著以府經縣丞留於廣西補用。千總古景邦著以守備儘先補用。廩生梁家榮著以縣丞分省補用。增生張藩附生蘇建龍文童陳立焜郭慶脩陳坤培呂恂均著以巡檢分省補用。外委陸貴廩陸裕光陳德才馬朝輔均著以千總儘先拔補。候選府經歷吳善宜著以知縣分省補用。候補州吏目田承斌著以縣丞仍留原省補用。以示鼓勵。餘著照所議辦理。該部知道欽此。

第四十七章　戊申馬篤山之役

黃克强督師　小峯之戰　馬督山之戰　夜襲之大捷　解散之原因　清吏之文電

黃克强督師　鎮南關一役既敗。中山克強乃再定合謀滇粵之策。以欽廉會黨之勇氣可用。決由克強統領鎮南關及十萬大山餘衆親入欽州。幷函約駐欽州統領郭人漳接濟彈藥。相機響應。先向河內法商購得盒子砲百數十桿。幷由馮自由在香港購取子彈。托河內西安兩輪船買辦同志彭俊生黎量餘等私運至海防。交劉岐山等設法送至中越邊界。籌備既竣。克強乃率黎仲實劉梅卿梁建葵梁瑞庭唐浦珠及越南華僑等二百餘人。于戊申(清光緒三十四年)二月二十五日繞道越南。進攻欽州。法國守兵咸鼓掌歡送。絕不干涉。衆遂揭青天白日旗。高吹洋號。列隊過東興附近之大路村。四處張帖中華國民軍南軍總司令黃告示。鄉民紛燃爆竹迎之。中途與清軍一小隊相遇。革命軍突然進攻。清軍猝被衝散。有驚跌而重傷者數人。二十七日下午至小峯。有清兵三十餘人出迎。蓋聞角聲。誤以爲是郭統領人漳也。既相見。問革軍爲何營。革軍反問之。則以二十營對。革軍遂開鎗殺其五人。逃去三人。餘衆悉降。當革命軍發鎗時。清營哨官猶在後大呼來者是郭統領。要站班迎接云。

小峯之戰　駐小峯附近清營管帶楊某得逃卒歸報。於是該營合第三十六營俱出。旣近革軍。依山爲陣。所佔形勢頗佳。革命佯却。引楊等前。分兵爲三。一從對山攻擊。一伏田隴間。一從清兵之後山上暗襲。清兵但顧前之二軍。及後軍驟至。淸兵大駭。奔潰四散。死者數十人。生擒哨官某。傷者逾百。是役楊軍之大旗被奪。失槍甚多。楊等以六百餘人出隊敗歸。半日招集殘卒纔五十餘人耳。二十八日革軍前進。途遇淸兵一營。接戰未久。淸兵敗退。逃入村中一大宅爲負隅計。革軍乃喝大隊攻門。忽有一彈由內射出。斃革軍一人。黃司令大怒。喝令宅中主人速出。乃投炸彈燬之。淸兵死者百數十人。餘衆皆解衣卸械而遁。淸軍統領聞報。亦親率全軍來。因聞楊幇統之敗。乃偃旗息鼓以避革軍耳目。是時楊軍敗後四散。其第三十六營有三哨避竄山中。郭統領軍來。楊軍不見旗幟。以爲革軍從他路追迫。遽發鎗擊之。郭軍還擊。三十六營一哨官斃。卽急奔。郭軍稍前。見其非革軍也。乃一驚而罷。

馬督山之戰　二十九日革軍到大橋。適有淸軍兩營聞警來援。戰不移時。淸軍營官一名中鎗仆。兩營皆狼狽而退。三月初二日革軍列陣于馬篤山。淸軍督帶官龍某率兵三營來攻。革軍居高臨下。淸軍大困。黃司令親發槍遙擊。龍管帶中彈從馬上翻身墮。革軍歡聲如雷。淸軍傷亡甚衆。其營官廖丁遂先已軍而遁。於是三營盡潰。清軍哨官被擒者二名。卽伏誅。降兵三十餘人。悉令剪髮。計革軍四次獲勝。當以初二日爲最。四次共得快鎗四百餘桿。彈藥無算。傷亡者僅四人耳。

夜襲之大捷　革軍連戰俱捷。是時已聚衆至六百餘人。聲勢日盛。方擬取道那樓大菉等處。向桂邊進攻。詎清軍統領郭人漳參將王有宏合兵尾之。有衆三千餘人。取包圍式。于革軍形勢頗不利。黃司令以寡不敵衆。乃募勇士于黑夜至清軍所駐民房抛擲炸彈。清軍自相驚擾。不戰而逃。革軍乘勢追擊。清兵四散。其營長號楊胖子者。以匿于叢林得免。經此役後。革軍遂得縱橫出沒于隆雁陳塘那悞馬路墟柳綠鳳岡一帶。使清軍疲于奔命。欽廉道龔心湛統領郭人漳乃頻電粵督告急鼓而粵督更電請桂撫協同嚴勦。其狼狽情形可見。

解散之原因　先是黃克強原與郭人漳有接濟藥彈相機反正之約。因所指定接濟地點及時間。每每錯過機會。不克收受。有數次解送彈藥之郭軍過後半日。而革軍始到。遂不能得其接濟。又小峯附近之戰。革軍與郭部某營長因誤會而接仗。郭軍頗有損失。郭因是老羞成怒。頓生惡感。不獨不肯踐約供給。且懷敵意。此實革軍之致命傷也。革軍轉戰數十鄉鎮。費時四十餘日。以彈藥告竭。遂不得不下令解散，克強遂偕黎仲實等赴越南。餘衆多遣歸十萬大山。是役諸將士以欽地多瘴。咸染瘡疾。獨克強安然無恙。又所過之地。秋毫無犯。公平交易。某日在某村聚食。懇鄉人代往他處購肉三十斤。程途不遠。革軍亦謝以數金。故鄉民到處歌頌不置云。

淸吏之文電　革命軍解散後。欽廉道龔心湛統領郭人漳會銜電稟粵督。其文如下。

前據降人供稱。黃逆有僞印僞示板製造逼碼機器等件藏在東西邊防各處。當經遣派弁兵。飭各降人帶引往起。起出木質銀鑲僞印一顆。文曰總統中華革命軍印。又僞示板六塊。銜係中華國民軍總司令官黃興。語極悖逆。又製造逼碼機器炸藥引線逼碼紙張等多件。並獲窩戶劉必振一名。經湛漳督同印委。訊據該窩戶供認係革黨寄存等語。要之此次起事。革黨蓄謀已久。試觀陸軍部當時奏稱。欽廉遊勇土匪勾結逆首孫文。倡亂起事。先後兩撲欽州。一攻東興。一圍靈山。一陷防城。匪勢浩大。股數不一。經臣派定東西各營。分路合勦。大小數十戰。擒斬多名。奪獲鎗枝。均烙有革命軍火印。大股次第撲滅。其逃匿深山窮谷者。搜捕獲辦。已逾千數。地方一律肅淸。伏查廉欽兩屬。北接廣西。南鄰越南。逆匪孫文在該處起事。蓄謀深遠。欽廉一帶。該黨編爲革命南軍。此次起事。實與從前不同（下略）云云。

第四十八章　戊申河口之役

河口之形勢　黎關等之被逮　攻佔砲台之劇戰　南溪之佔領
新街之佔領　黃克强赴前敵　黃克强返越被逐　淸軍之戰略
蠻耗之敗　襲取思茅之頓挫　移師桂邊情形　遣送新加坡情形
胡漢民之報告書　淸政府之文電

河口之形勢　滇越以紅河爲界。而河口爲紅河最扼要之地。淸國在此派重兵防守。設督辦官一員。常川駐紮。對岸爲越南之老街。法國設防亦頗嚴密。革命黨欲圖雲南。必先從取得河口入手。蓋其地居兩國邊界。爲鉄路工人及遊勇出沒之區。輸運軍械尤形便利。且佔有滇越鉄路交通上孔道之形勢。上通蒙自阿迷臨安及雲南省城。左通蠻耗普弭。右通剝隘廣南。以達桂邊。革命軍得之。可以四通八達。誠軍事上最佳之發動點也。

黎關等之被逮　是時中山在新加坡。黃克強入欽州未返。留河內機關部者。僅胡漢民黎仲實張翼樞等數人。滇事于鎭南關發難以前。早已著手運動。至戊申三月。事機漸熟。中山乃派黃明堂主其事。王和順關仁甫佐之。河內機關部幷派黎仲實高德亮麥香泉姚章甫陳二華梁恩等八人駐老街。預備于得地後。實施革命方略所規定之因糧方法。詎三月中旬。淸吏以河口附近時有盜劫案發生。特照會法官請求緝匪。老街警察局以黎等形迹可疑。遂派兵搜查寓處。發見革命軍文告及旗幟等物。始知爲革命黨而非竊盜。惟據國際法。雖不能將政治犯移交淸吏。然亦不能放縱之。使擾亂鄰境。故黎等遂被拘留于警署。候越南總督命令處分。遇有相當輪船。卽當撥送出境。法警以黎等皆革命黨。待遇頗優。及聞河口革命軍大勝。乃取酒飲黎等。各舉杯歡呼。同慶中國革命之成功焉。關仁甫于是月二十三日偕翟明西至老街。亦被法警拘禁。經華商各店戶聯名保釋。至二十八日始獲出獄。次晚卽偕黃明堂渡河襲攻河口。

攻佔礮台之劇戰　三月二十九晚二時。革命軍首領黃明堂王和順關仁甫率所部百餘人在信防(卽河口)起事。初從越南邊界渡河。淸軍防營一部先與聯絡。至是合併爲一。數約五百人。遂向城中進攻。是晚四時佔據河口城。城內警兵聞號。相率反正。警察局長蔡某伏誅。河口向有淸軍四營。一營守城內。一營守山上及礮台。管帶黃元楨守山上南營。防務處督辦官王鎭邦自率兩營駐牛山之礮台。管帶岑德貴則守城內各處。河口既破。岑得貴及張印堂率敗軍逃入礮台。與王玉帆（鎭邦字）合力死守。四月初一日兩軍繼續開戰。極形劇烈。黃元楨部下二哨先降。餘二哨隨黃駐山頂。猶相攻擊。王督辦密遣使赴老街求救于法國防營統領。乞借兵兩哨平亂。法軍統領答以此次起事乃革命黨。並非盜賊。不能如命。時革命軍仍奮力攻山。王督辦親督隊力戰不却。黃元楨以無援。自率衆降。皆返戈助戰。至午後四時。王督辦亦使人約降。革命軍未敢遽信。乃派老將黃華廷偕一駐河口之法國商人登山說降。旣至。王督辦不應。黃起身告行。王督辦暗命親兵乘黃不備。猝然開鎗擊之。黃傷仆死。復擊斃黃之隨兵一人。法商幸無傷。革命軍聞報大憤。遂下令進攻。清弁張印堂等陣亡。守備熊通先已通誠于革命軍。至是乃舉鎗擬王督辦。其所部俱反正。王督辦隨卽伏誅。岑德貴潛匿民舍。亦被擒。旋加恩放免。於是淸軍盡降。河口四礮台皆爲革命軍所有。計得十響毛瑟鎗千餘桿。彈二十萬發。王鎭邦首級則懸諸河口橋頭示衆。半日後乃給其家屬埋葬。一面用南軍都督黃明堂名義佈告安民。並派兵保護領事稅關洋人。送往老街。秋毫無犯。居民悅服。遠近歸附者絡繹不絕。數日內增加至千餘人。聲勢大振。

南溪之佔領　河口佔領後。革命軍辦理因糧事務乏人指導。民政方面棼如亂絲。黃明堂以是不能依預定計劃。于最短時間分兵四出。以攻取蒙自昆明。實爲用兵之大忌。王和順于初五日始督兵沿鉄路進攻。先是黃元楨降後。卽致書勸鉄路上李蘭亭及黃茂蘭兩營反正。李蘭亭于初二晚已親率全營來降。繳鎗二百餘桿。子彈三萬發。穀一百担。及王和順督師上攻。有黃茂蘭所部二哨迎降于道。革命軍至南溪。駐其地之清將胡華甫王玉珠各率所部一哨降。遂佔領南溪。而設司令部于黃茂蘭住宅。初七日大軍進至鉄路七十八基羅。黃茂蘭之子率兵來戰。擊退之。時開廣鎭總兵白金柱奉滇督錫良命。帶兵四營到八寨。其地離開化城八十里。王和順聞報。乃分兵襲取古林箐。以牽制白金柱之軍。白軍降者百餘人。是時原可乘勝進克蒙自。以後方餉彈不繼。不得已暫駐原地聽候供給。

新街之佔領　關人甫于初三日引衆四百人左趨蠻耗。欲上個舊。合臨安周文祥之兵。以攻蒙自。初四日與清軍管帶柯樹勛所部二百餘人相遇。柯登山自守。革軍攻之。時已入夜。清軍不戰而走。清兵降者數十人。駐覇洒管帶李開美率衆來降。遂佔新街。

黃克強赴前敵　是役革命軍以未得智勇雙全之主將調度一切。所預定進兵方略多未克實施。中山深以爲憂。適黃克強自欽州返越南。初四至先安。中山在新加坡得電大喜。卽電委黃爲雲南國民軍總司令。節制各軍。克強初六從海防乘晚車入河內。初八卽乘早車上老街。赴前敵督師。既至河口。見軍事進行多疲玩不振。而屯兵不進。尤誤戎機。乃力催黃明堂趕速添兵。沿鉄路進攻昆明。明堂恐糧食不繼。猶豫未决。克強守候逾日。意極焦灼。遂欲親率全軍前進。以此意商諸明堂。明堂乃撥兵士百人隨之。於是克強縱馬前行。未及一里。各兵羣向天開鎗一排。齊聲呼疲倦不已。克強再三撫慰無效。更行半里。則兵士多鳥獸散。不得已折囘河口。派人至前敵約王和順相會。王至河口共商進攻之策。亦以兵少彈缺爲慮。克強仍欲親率各軍襲取蒙自。而將士多不聽號令。乃知本身非有基本軍隊不能指揮他軍。遂决計囘河内。擬徵集前在欽州共事之同志一二百人。佐以駁殼鎗。組織基本隊。然後再赴前敵。如是則不愁他軍不聽號令。於是遄返越南。

黄克強返越被逐　十二日黄自河口返越南。甫到老街。即爲法國警兵所逮捕。蓋黄貌似日本人。當其初到河口馳馬軍中時。對岸法兵已疑革命軍有日人相助。日人在越南素有煽惑土人作亂之嫌疑。法人對之異常猜忌。故黄此次一入越境。即遇此厄。及黄告以姓名。始悉爲革命軍重要人物。照國際法。例當撥送出境。前次黎仲實等八人願赴香港。故于河口革命軍舉事後數日即如言遣之。此次克強自願赴新加坡。法政府乃送之至西貢。然後由西貢買舟至新加坡。克強此舉實于革命軍成敗關係至巨。從此義軍失其導師。漸有孤城落日之勢。

清軍之戰略　先是滇督錫良以革命軍聲勢日盛。大爲恐慌。一面令臨安道增厚開廣鎮白金柱督兵南下救援。一面頻電清廷告急。初九日清帝令派劉春霖督辦雲南軍務。未到前由總兵白金柱暫代。著隨帶銀五萬兩犒師。另飭廣西左江道龍濟光率南甯防軍七營前往協助。幷著江督端方鄂督陳夔龍接濟餉械。時臨安蒙自開化各處一日數驚。澂江防軍管帶楊士雄奉電檄調赴援。於初七日在澂江附近數里之蹋溪澗。與革命軍一枝隊接戰受傷。全軍幾潰。餘軍皆披靡。倘革命軍乘勢攻取。沿鉄路各要隘皆可不戰而下。乃遲之又久。革命軍並未積極進攻。錫良乃得從容調兵。向革命軍取大包圍之勢。先派道員方宏綸爲全軍總統。白金柱督辦全省軍務。己則親赴臨安居中策應。白注重蒙自。決從兩路抄襲。一由蒙自大路。一由開化西南折入黑灣後路。以與蒙自一軍會合。同向鉄路沿線取攻勢。

蠻耗之敗　革命軍左枝隊關仁甫何有才黎國英等從新街進至蠻耗。詎清管帶柯樹勛部下之降卒聞清軍救兵將至。遂與柯樹勛裏應外合。猝然譁變。關無法維持。損失不少。乃捨蠻耗而退河口。

襲取思茅之頓挫　四月下旬。清軍各路援師大集。桂軍三營川軍二營黔軍二營陸續開到。聲勢陡壯。遂向王和順大營進攻。王與清軍在泥巴黑附近相持二十餘日。以敵勢日張。而己軍子彈漸告缺乏。廿三日親至河口與黃明堂相商。提議鉄路上大營及河口駐軍全數開赴普弭府。襲取思茅爲根據地。思茅鎮總兵謝有功所部早己聯絡就範。義師一至。可以不戰而定。然後徐圖進取昆明。時黃明堂以河口糧道閉塞。河內機關部雖曾派僑商黃隆生甄吉亭等數次解送米糧。然其後亦爲法官禁止通過。遂有絕糧之虞。因此亦極贊成王之提議。乃約定兩部同開至巴沙集合。然後會師進取。詎黃明堂部先到巴沙。未候王和順兵到。即先自出發。在下田房與柯樹勛所部蔣炳臣大隊相遇。竟爲所敗。仍退回河口。王和順聞黃部敗退。移兵思茅之策不成。遂亦率所部向河口退却。

移師桂邊情形　革命軍各部均退駐河口。王和順欲背城與清軍一戰。敗則退入越南。黃明堂主張保全隊伍。移師桂邊。再作後圖。時軍中士氣不揚。故黃說卒佔優勝。于是黃王諸首領均離河口赴越境。而使部將何護廷馬大等率餘衆東向。取道鎭邊八角山等處入桂。師至馬白與清軍龍濟光部相遇。王正雅亦跟踪追尋而至。兩軍接仗一日。革命軍以前後受敵。多無鬬志。退至馬角寨暫駐。復爲清軍夜襲。餘衆乃退入越屬山西太原地方。欲假道開往桂邊。詎爲駐防法兵勒逼繳械。革軍不從。遂與法兵開戰。革軍多遊勇出身。出沒無常。戰線由寶勝老街以至太原省之左州。令法兵疲于奔命。相持數月。駐該地法官乃請著名士豪梁正禮又號巴頭梁者出任調停。兩造始息戰。革軍卸械後。由法官送給旅費後保護出境。送往南洋安置。當革軍退入越南之際　清兵聞訊追擊。誤傷法國大尉威根一人。北京法公使因此向清廷大開交涉。卒由清廷賠款道歉了事。

遣送新加坡情形　革命軍將士韋雲卿等及兵士因退入越南。先後被拘留繳械者六百餘人。均由法官撥令出境。幷派憲兵護送至新加坡。到新埠時。英官藉口一千九百零六年條約第八條。有『凡外國犯罪逃亡之人船主不得帶載入境』之明文。禁阻登岸。駐新法領事乃向英官交涉。謂此六百餘人乃在河口戰敗而入法境之革命軍。越南政府以彼等自願來新埠故遣送至此云云。英官答以中國人民反抗本國政府。而未得他國承認爲交戰團體者。不能視爲國事犯。祇可視爲亂民。亂民入境。有違英殖民地禁例。故不准登岸。因此法國郵船停泊新埠二日。後由越南總督聲明當河口革命戰爭之際。法政府對二方均取中立態度。事實上已不啻承認革命黨爲交戰團體。故此次送來英屬之黨人。不能視爲亂民等語。英官至是始准黨人登岸。惟仍押禁于拘留所。中山乃使中興報董事張永福延律師向華民政務司保釋。並派員招待一切。除介陳楚楠等創辦中興石山以安插彼等外。且介紹于檳榔嶼吉隆坡吡叻文島各埠工廠礦場農場。使各安生業。於是革命失敗後所發生之國際問題始告一結束焉。未幾河內僑商黃隆生因有解送糧餉于革命軍之事。亦被法官命令出境。

胡漢民之報告書　附錄當日革命軍駐河內機關部主任胡漢民致中山之起事報告書如左。中山先生大鑒。雲南國民軍光復河口蠻浩各等情形。除經電報外。謹詳述之。初國民軍之圖河口也。潛師于邊界者百餘人。其散布於車路一帶裝爲苦力者二百人。淸軍暗約反正投降者日衆。顧我以河口原屯重兵。除警察汛兵外。則有督辦親帶二營。黃元貞管帶一營。岑德桂管帶一營。黃元貞素通情于我。而督辦王玉藩則頑固老物。岑德桂更懵無知識也。督辦部下熊守備勇而有謀。自願以身當督辦。而以其部從我。相約已二旬。督辦得告密者言。頗爲備及。黃元貞已有調省之信。督辦辭職之文書亦將回復。熊守備黃元貞二人乃決意速舉。有淸諜者偵知法界有我軍指揮者數名寓焉。竟誣以劫案。請法吏拘留之。（卽黎仲實等八人也）弟聞此事。急催我軍首領黃明堂關仁甫張德卿速發。遂以廿九晚二時舉兵。警察兵聞號卽響應。自殺其管帶蔡某。而我軍約束之使勿動。巡視河口如常。蓋河口與老街相隔僅一河。懼有擾也。旋攻汛營。汛官某逃而報督辦處。黃元貞部下二哨先降。餘二哨隨黃駐山頂。猶相攻擊。既而三腰那扒各處分駐之兵聞風皆至。戰至翌早八時。我軍暫休憩。九時復猛攻之。是時督辦親督隊力戰不却。而黃元貞已降。皆返戈助戰。至四時。督辦亦使人約降。我軍知其頑強未信。因派王槐廷帶兵二人。並一法人（於河口通商者偕通事來觀戰覘其情亦知督辦已力竭故願與吾軍同行）往說之降。既至前。則督辦不應。王槐廷起身告行。督辦突揮刀斬王。王仆。旋以短鎗轟我一兵。（法人幸無傷）熊守備急舉槍擬督辦。其部下從所指。督辦遂伏誅。舉督辦之營降。岑德桂潛逃匿民舍。其營亦解甲。河口地面遂歸于我軍佔領。收各營之槍千餘。除身佩之子彈外。別得貯存之子彈七萬。河口四砲台亦歸我有。於是下令安民。並派兵保護領事稅關洋人。送往法界。居民大悅。（法報紙以我軍之舉動能依于國際法而行頗有贊美）一面點收軍實。編正隊伍。一面論功行賞。商議進兵。黃元貞既降。則自爲書勸鉄路上李蘭廷及黃茂蘭反正。初二晚李親率全營來降。繳槍二二百餘枝。子彈三萬。穀壹百担。黃茂蘭部下二哨亦已聞風而來。初三關仁甫引衆四百進攻蠻浩。甯大引偏師上南西河。（以爲攻蒙自軍之偏師而德興則正兵也）黃茂蘭亦覆書于王元貞。言（黃茂蘭所駐較李蘭亭爲遠李在二十條基勞黃在七十八條基勞故李先降　）我軍到日。自當率全營投降。初四日關仁甫兵上至南溪。適有胡華甫之營壹哨來降。他壹哨官王玉珠亦相約響應。我軍更前行。抵新街。柯積臣（蠻浩管帶也）帶兵二百餘人登山放卡。我兵攻之。時已入夜。敵軍不戰而走。投降數十人。初五日張德卿親督大隊進行七十八條基勞。收黃茂蘭之兵。然後合兵攻蒙自。關仁甫之兵亦擬由蠻浩上個舊。合周文祥之兵（是日聞臨安已發動）會攻蒙自。初六日據來報言。白金柱帶淸兵四營到八寨。八寨離開化城八十里。於是張德卿擬分兵數百襲攻古林箐。以牽白金柱之軍。及偵白金柱之所向。而與大軍合攻之。初七日更挑選精兵二百名兼程上蒙自助戰。此自上月廿九日起佔領河口暨連日進攻以次克敵收降之大概情形也。此次德卿仁甫踴躍用兵。發憤進取。而發難之始。則功在黃明堂。然而黃元貞內應之功實大。反正以後。即立作書招降。而李蘭亭聽信其言。全營來降。以至黃茂蘭等亦相率先後而來。皆黃元貞之力也。初四日弟得克兄電。知已抵先安。即電告知。旋奉來電。令克至即上督滇師。初六晚車克由海防入河口。今日早上老開。往河口督師。弟已將各將士之才幹及進行之近情備細告知。克兄精神完足。殊無鞍馬之勞。瀕行謂雲南敵兵若不能爲我患。則或取廣西之兵自救。宜于其間更謀出一路于歸順以牽掣之云。想克兄親行督師。士氣更當百倍也。德卿瀕行。謂此行攻戰之事可必克。以我力充足。而敵勢脆弱。又有會黨相通。其士卒莫爲彼虜用命也。惟是自河口以上。糧米極貴。每日每人至少須發伙食三毛。現在我兵已三千餘人。（河口原有之義師三百人。在河口投降者。警察汛營及巡防四營。李蘭廷來降一營。黃茂蘭二哨。胡華甫一哨。王玉珠一哨。其餘新街蠻浩尙有降者。）每日用銀。粮食一項亦幾及千元。收復河口。卽就地徵收義捐。得銀三千五百元。惟發餉時。殺督辦花紅二千。佔山上砲台及以哨官首級獻者。大小花紅二千八百。共花紅四千八百。（其得河口後來降者卽皆不給賞。但發伙食而已。）初二日弟交甄吉亭帶款二千二百元上。次日關仁甫之隊起程。初四日弟交黃龍生帶款二千二百元上。次日張德卿之隊起程。初六晚吉亭歸河內細述情形。知德卿之隊僅持三日之糧。非立加接濟。兼多辦糧食運送供給。便慮爲行軍之窒礙。是時鋪戶之捐已難於爲繼。而兵起河口。佔領逾一週。不見外洋大款接濟。士心雖固。不爲搖動。然若糧食不周。則情見勢絀。外恐見笑于鄰國。內亦恐降者之裹足。蓋降者之來感于情誼者三。而動于勢者七。由此數日之情勢度之。則彼敵望風奔附。而我師大增。以是而收取全滇也不難。若因餉絀之故。使來者聞知。不肯踴躍來附。豈不可惜。自河口起兵。我軍得利。正在有越地供給之後援。足食而進兵。則所至所向。能戰能攻。河內同志力竭于前。先生所曉。弟見吉亭之報告。遂再電星州告危。是日復接河口來電。言降者見糧食困乏。頗有一二不安者。弟尤爲焦急。旋得星州先生復電。三日有款。略爲欣慰。然仍無以濟兩日之困急。勉強就商於梁成泰之子梁秋。使由伊借款三千。而約以無論何時。星款到立卽歸還。梁秋前日已爲我黨捐款二千。（前信已告知）此番實得其助力。以弟觀察。雲南大局確有把握。哥老會之糾合。息息相通。如黃元貞之營降。而降者相繼。此其驗也。周文祥曾破雲南。最有聲名者。今亦皆爲我軍所用而起。轉會黨而爲革命黨。而服從于國民軍矣。此雲南全局可圖者一大端也。蒙自開化藏槍各數千。（藏置爲招募新軍之用）而守兵各不過兩三營。合其附近可取救援之兵。亦不過各得二千人而止。以我朝起之銳氣。攻彼腐敗之營兵。且有會黨相通之妙用。一可敵十。何况彼力之尙有不如我耶。此雲南全局可圖者二大端也。雲南近邊服一帶。糧食旣昂。河口之兵正以餉食不周。爲倒戈降我之大原因。若我有後援。糧食充足。則彼敵兵降者恐後。蓋以彼卒常饑之故。此雲南全局可圖者三大端也。黃明堂關仁甫爲舊日會黨首領。張德卿亦著名于廣西。今皆聚而爲我用。各盡其能。黃元貞新降。極意立功。且熟悉全滇情形。今又有黃克強兄之學識經驗。而爲統籌。人才衆多。此雲南全局可圖者四大端也。雲南各營之槍。係于前年一律換爲德國毛瑟者。器械可用。非如欽州集合地方兵團之械參差不倫者可比。現下子彈充足。亦可供數大戰之用。惟降者日衆。則餉食日增。河內一隅（河內已捐款千餘力已竭）焉能仰給。必有大款方堪接濟。若得十萬金。分半先爲糧食之用。分牛預爲子彈之補充。則大軍所至。勢如破竹。攻城略地。無後顧之憂。若以現情形論之。則開化蒙自在我軍掌握。惟兩城既得。驟辦因糧。必不能給。（蒙自等雖非河口之比。然既得大城。則軍費浩繁。亦非現在可比。因糧之法必須徐徐舉辦。而後有功。若朝得城池。而夕辦因糧。以充軍實。勢必難也。故必預籌款項。以爲臨時之用。）是以不能不先仰外洋之接濟。糧食第一。子藥之補充次之。（底波洋行私約。如得蒙自。伊有洋行在彼。軍用亦可以任取。艮班大班私語口口養云。若有佔領蒙自消息。請黨人告我。我有大好意相酬。蒙自領事聞我佔領河口。卽歸蒙自語人云。我素助革命黨。或恐黨軍攻蒙自。他法人有誤會。故須歸爲同情。大抵若得蒙自。弟在河內亦可盡力運動。使得種種之裨助。然第一級之工夫。則尙未能做到。今惟望先生與星埠諸同志之大力先助。十萬不能驟得。亦必籌濟五六萬之款。法報之言曰。革命軍此次乃眞有革命之力矣。然何其經濟之困乏耶。以數千金之款而用數千人。何其神也。又有云。以革命軍之所爲。當無有能禦者。吾人何敢量其力之所至。然須就地以籌軍用。則豈無外力之大助耶。（在河內徵捐法人亦知之）蓋我黨之艱難于平日。非外人所知也。今雲南之機局。實所謂非常之遇。雖有智慧。不如乘勢。況我祖國之淪亡于異族人之手已二百餘年。今何幸而河口至蒙自之間已歸漢人佔領。開化蒙自不日底定。全滇在我範圍。虜則驚魂喪魄。而我同胞當于喜慰之餘。轉生感喟。而內外有血氣者。同志協力。各盡義務。斯豈徒奮力行間者之希望。我同胞實有其責任也。至如何統籌全局。指示機宜。持綱挈領。及延請海內英才。以襄各事。是在先生。弟此次一人獨當要職。自河口克復以來。筆舌不停。而策應爲謀。又皆出于一人。體素孱弱。尤恐不勝。差幸以喜奮愉快之故。振起精神。尚能勉強從事耳。專此卽請大安。餘事續告。捷音電聞。　弟胡衍鴻清政府之文電　附錄當日淸廷君臣關于滇事來往文電如左。

(其一)雲貴總督錫良電奏

錫良電奏。據偵探員回省面稱。王鎭邦在河口與孫黨血戰幾及三日。官軍傷亡甚多。王已陣亡。河口被陷等因。竊思孫文蓄志已久。窺犯滇桂。逆黨衆多。械精餉足。非小醜跳梁僅踞偏隅者可比。奴才到任後。迭經布置防維。奏明有案。今果率衆來犯蒙河等處。經官軍對壘兩晝夜。究以兵單。竟致失利。蒙河爲滇之門戶。蒙河危則滇危。滇危則大局危。奴才一身不足惜。如大局何。終夜傍皇。莫知所措。刻已遣省城防軍拔隊馳往。會同增厚妥速布置。相機進攻。惟滇中兵力太單。合無懇恩俯念邊圉關係大局。速簡大軍來滇相助爲理。奴才籌備無狀。以致失敗。應請飭部將奴才嚴加議處。以爲各統將者戒。

(其二)清軍機處廷寄

四月初九日軍機處廷寄雲貴總督。本日奉旨錫良電奏悉。孫逆從桂滇入手。蓄意已久。桂未得志。改而犯滇。實屬罪惡不赦。已蒙旨派劉春霖督辦雲南軍務。無論行至何處。迅卽折回督軍前進。該督卽一面調撥省垣各軍馳往。毋任彼逆久踞。致生覬覦。該督事前毫無布置。致失要隘。著交部議處。再有疏忽。恐該督亦不能當此重咎也。

(其三)清帝電旨

清帝電旨分寄江鄂滇三督。錫良電奏悉。滇省關係大局。孫逆攻陷河口。毋任久踞。劉春霖現已到京。往滇尙須時日。着白金柱暫代速赴前敵。隨帶銀五萬兩。以備犒賞。錫良責無旁貸。速出督師。一面遻飭龍濟光帶軍前往協勦。龍濟光原係滇籍。所部多滇人。剿辦桂匪。業已建功。此次回顧桑梓。益當奮力。如能早日克復。定予破格獎賞。並著端方陳夔龍接濟軍械。度支部羅掘餉款。凡在臣工。自應不分畛域。以副朝廷顧念邊陲之至意。特此通諭知之。

第四十九章　戊申安慶熊成基之役

熊成基略歷　范傳甲與吳春陽　軍界之活動　起事之計畫　馬砲營之發難　兵敗之原因　黨人之生死　朱家寶之文電

熊成基肖像

熊成基略歷　熊成基字味根。江蘇揚州甘泉縣人也。祖父瑞生仕滿爲繁昌令。父存仁任候補通判。淮楊風俗綺靡甲天下。成基幼時血氣未定。性復風流放誕。讀書但通大略。去而習懸壺術。益不屑。惟以婦人醇酒靡其青年之光陰。既而父亡。家中落。無以自聊。以耽酒色故。羸瘠多疾病。年十九。落魄于蕪湖。乃引鏡自照。拍案自劾曰。大丈夫當立功傳後世。豈能以少年無行終哉。遂渡江赴安慶。投安徽武備練軍學堂。絕嗜好。勤學習。儼然一苦學生矣。然練軍學堂未幾停辦。成基以未竟其學陸軍之志。赴江甯應徵兵令。編入某營爲副目。營將某見其聰穎好學。志趣異尋常。爲介紹于砲兵速成學堂肄業。以下士而廁于將校之列。異數也。成基入砲兵學堂後。勤業尤苦。學術優異。卒業後爲江南砲兵排長。安徽舉行徵兵。檄成基往。以爲砲兵隊官。時倪映典亦在軍中。成基與之交最密。在學時亙以復國仇建民國相期許。成基初任陸軍第九鎭排長隊官。嘗向所部士兵提倡民族民權之說。聽者多感動。後以江甯雖長江咽喉。然非上游門戶。且駐兵甚多。恢復不易。因慨然有入皖之志。皖省爲成基產地。祖若父皆仕皖有年。於形勢甚爲熟悉。至皖見淮南士氣雄健。更易期以實行。同志中之爲軍官佐者亦夥。成基奔走聯絡。心力爲瘁。軍隊中少有熱血者。莫不贊成。越數月。新軍統領顧忠琛由甯往皖。奇其才。嘉其志。初調充砲營隊官。旋欲升爲他營管帶。成基堅辭不就。以起兵革命。砲隊實力較優于他營也。當是時徐錫麟方就義安慶。成基悲憤殊甚。以滿吏專制已極。急欲爲徐復仇。而阨于時機。乃中止。

范傳甲與吳春陽　在丁未徐錫麟起義以前。皖人運動軍界革命者。以范傳甲吳春陽二人爲最早。范字壽三。壽州南鄉人。少有志革命。癸卯年投身營伍。充工程營頭目。忠信篤實。同志咸推重之。丁未之役。以徐錫麟倉卒發難。不克參與。悲憤無已。乃進行益力。收效更著。旋調充工輜營頭目。及熊成基調至安慶。范乃悉力助之。熊所以得馬砲營之竭誠擁戴。

而進行無礙者。范之力為多焉。吳春陽字暘谷。合肥人。與萬福華交最密。甲辰十月萬在上海謀刺王之春一案。係吳主動。事後赴日本留學。乙巳七月東京同盟會成立。吳亦發起人之一。丙午回皖。投身砲營充兵士。日以散佈民報及各種革命宣傳品為務。各營士兵趨之若鶩。嗣為皖吏所知。下令逮捕。乃潛回故鄉。創辦城西學堂。自任校長。大倡革命。復為鉅紳李國筠向提學司告發。遂又匿跡上海。戊申安慶砲營之反正。吳與有力焉。辛亥皖省光復。以同志推重。被舉為安徽都督。力辭不就。仍不避勞怨。黽勉任事如故。無何有贛軍統領黃煥章率兵入駐安慶。吳以其縱兵擾民也。以大義責之。卒為黃所殺害。此外在學界鼓吹者。有陶成章龔寶銓張通典段昭劉師培凌毅凌照凌銳鄭贊丞柏文蔚范鴻仙諸人。劉字光漢。江蘇儀徵人。乙巳丙午間任蕪湖赭山學堂監督。暨上海國粹學報編輯。專提倡民族主義。影響教育方面甚巨。凌氏兄弟及鄭柏范等均學生。於滬甯皖各地運動。亦甚得力。

軍界之活動　皖省改練新軍之初。首在安慶創辦武備練軍學堂。旋復設立陸軍常備營。青年志士應徵者頗不乏人。熊成基柏文蔚鄭贊丞等均練軍學堂出身。范傳甲張勁夫則屬陸軍常備營。各提倡革命。異常猛進。時有岳王會之設。為安慶軍界運動革命最先之組織。丁未四月徐錫麟鎗殺恩銘于安慶。各同志以事起倉卒。未及響應。戊申春倪映典由甯調皖。任騎兵營管帶。各同志欲乘時大舉。爲江督端方所覺。立命皖吏撤倪職。事遂無成。倪去後。范傳甲等推熊成基主持團體事務。各會員按月納捐會費。共集八十餘元。是年秋清廷有令調集南洋各鎭新軍定期十月在安徽太湖舉行秋操。派蔭昌端方爲閱兵大臣。蘇皖同志均認爲有機可乘。擬于會操動員後。同時在操場發難。正籌備間忽傳端方于親往太湖閱操時。將設行轅于安慶東門外英公祠。范傳甲等遂欲狙擊之于省垣。爲擒賊擒王之計。惟屆期端不果來。皖撫朱家寶爲防範革命黨之故。所有派赴操場之將弁。槪不令知識較新者參加其列。於是革黨之預定計畫又一頓挫。

起事之計畫　熊成基以在操場發難之計畫不成。乃與范傳甲等計議。決於太湖秋操時在安慶發動。其計畫之大略。欲以馬砲兩營先得皖城。皖城既得。乃以一軍塞集賢關之隘阻。甯軍中同志甚多。可作內應。計畫既定。適滿清帝后同時殂殞。中外震動。人心皇皇然。成基等以爲天予之機。壯氣百倍。遂于於是月二十六日下午約合范傳甲薛子祥張勁夫廖盤貞洪承點程芝萱李朝棟田激揚及各營同志多人聚議於十祖寺後鄰楊氏試館。定期本日晚九時率馬砲營反正。並約隊官薛哲及時在城內接應。當由成基頒布作戰密令十三條如下。

（一）與我反對之軍隊　（甲）水師一營在西門外。　（乙）巡防一營在北門附近。（丙）城內外火藥庫有巡防兵兩隊。(丁)撫院及各衙門之衛隊約兩隊。

(二)我軍决於今日午後十時齊發。先取城內外火藥庫。後全隊進城。各盡任務。於次日午前五時在五里廟齊合。再俟命令出發。

(三)一標同二標第三營先赴北門外火藥庫。得有子藥後。一標第二第三營進城。助城內各營攻擊西門外之水師營。得收撫即收撫。否則攻潰其兵。收其軍械。二標第三營留守藥庫。

(四)二標第二營同工程隊先赴其營旁之軍械局。得有子藥後。工程隊留守軍械局。二標第二營以兩隊攻破巡防營。以一隊先開西門。待馬營進城後。再赴北門開城。留守北門。又一隊攻擊撫院。

(五)砲營先徒手出營。至馬號舉火。以作全軍出發之號令。舉火後。至北門外陸軍小學堂奪取步槍。得槍後。旋至該小學後取子彈進城。以一隊守南門。兩隊巡街。

(六)馬營由西門進城。直赴軍械局。得有子彈。以一隊守西門。一隊開東門。後留守東門。餘兩隊奪取電報局。

(七)輜重隊直赴軍械局。得有子藥後。保護教堂及外國人。

(八)講武堂各生充衛生隊之任。隨時搜尋城內外死傷兵士。歸入該堂調治。

(九)各標營隊之出力人員。次日午前論功行賞。

(十)各標營隊之兵士及民人等。如有乘機搶刦情事。由巡衛隊臨時照軍法從事。

(十一)巡警兵如有願降者。砲營收納之。編入隊內巡街。

(十二)各文武衙門之官員。不准任意殘殺

(十三)無論軍民人等。不准出入藩司衙門。

馬砲營之發難　成基于二十九日晚在砲營發令反正。各士兵欣然從之。管帶陳鏞昌反對。爲兵弁張鴻堯黃節等擊斃。遂焚砲營。整隊而出。至步標。標統蔣與權跪接于道上。步兵多平時贊成者。鮮不從。馬營早有聯絡。其排長田激昂周正鋒張烈等圍攻管帶李玉春于樓上。李負傷逃去。至是亦焚兵房。出與他營聯合。各營得千餘人。聲勢大振。隨往攻北城菱湖嘴子彈庫。守庫正目爲范傳甲之胞弟傳口。迎而納之。得彈後還攻北門。并焚北門外測繪學堂之步兵營。於是合各路併力攻安慶城。成基初不欲傷害城中居民。故先遣多人入城內應。且以隊官薛哲預謀其事。滿擬大兵一到。薛必開城接應。安慶可唾手而得。而孰知事勢變幻。竟出夫意料之外。

兵敗之原因　當義師攻城時。薛哲初率百餘人向北門衝突。本欲開城相迎。及見城上有少數巡防營守衛。遂逡巡返營舍。不敢發動。適是時皖撫朱家寶赴秋操地。接清帝后凶耗。江督端方促之遄返省垣爲備。朱歸。即於此時以重利誘城內將士。勿爲義師所動。對於薛哲尤爲籠絡。薛爲所脅。竟臨陣退縮。不能爲成基之助。范傳甲在輜重隊。張勁夫在講武堂。均因官長監視綦嚴。不克發動。因是反正軍於倉猝中不能入城。而彈藥存貯城內。義師槍彈無多。砲彈又無彈火引頭。致無戰鬥力。圍攻一日夜。迄未得手。皖城瀕江。江面原駐兵艦數艘初已表示降順。至是受朱家寶命。由江中發砲擊義師。毀營壘。反正軍漸不能支。相持至二十七日下午十時。兵卒稍稍散去。成基乃率衆向集賢關退却。改變戰略。欲取廬州爲根據地。然後號召鳳陽穎州等處會黨。進而馳驅中原。於是取道桐城。直趨合淝。所經過地。秋毫無犯。軍容亦尙可觀。清提督姜桂題時在河南一帶。聞訊。乃率所部窮追。成基力戰敗之。然抵廬州時。所餘止有八九十人耳。而顚沛流離中。竟有謀害成基以降清者。成基知之。乃脫身避匿同志常恒芳家者數十日。後亡走日本。成基去後。程芝萱尙率其殘部。沿途與姜部之江防營混戰。至合淝東鄉時。僅剩三四十人。始宣告解散。

黨人之生死　與成基同舉義者。范傳甲失敗後尙在城內。因謀刺清協統余大鴻被獲。田激揚李朝楝張勁夫鄭養源周正鋒張志功張星五胡文斌等。失敗後被滿偵探所捕。均爲清吏所害。洪承點逃往香港。協統顧忠琛以事前失察。發解新彊效力。薛哲雖臨事畏縮。未參加義師。然已爲朱家寶覺察。仍令梟首于督練公所門外。事後高等學堂提調桐城人姚叔傑力主澈底根究。朱家寶余大鴻信之。故此案前後軍士學生被害者不下三百人。株連極衆。於是被害者乃推舉龔振鵬赴京訟寃。龔至京。得同鄉御史石常信陳善同之助。聯名參劾朱余。謂其貪功釀亂。狥私害公。辭極嚴厲。段祺瑞亦恨朱余。排之甚力。結果朱被清廷傳旨申飭。余先行撤差聽候查辦。旋復嚴令永不起用。人心大快。

朱家寶之文電　附錄十一月初一日清皖撫朱家寶關於此役致各省電文如左。

家寶二十六日由太湖回省。是夜城外砲馬兩營下級官長煽惑目兵謀叛。馬營管帶被傷。砲管帶被戕。奪佔子彈藥庫。縱火焚燬步隊營防。逼脅同伴。一再攻城。均擊退。復憑砲台攻城。黎明復調江面兵輪開砲攻擊。將砲台擊壞。該匪又竄避臨江塔寺後砲擊我軍。卽遣將帶隊出城。會合江輪水陸夾攻。匪始潰退。一面遣巡防營將子彈庫奪回。廿八丑刻該匪因省垣西北隅有低缺處。復到此進攻。連開機關槍擊之。匪始不支退出。辰刻又奪回馬營。匪遂紛紛向城北竄桐城舒城一帶。因城兵無多。不及遠追。午後派隊四出搜查。先後拿獲叛黨二十餘人。據供革命排滿不諱。爲首係熊成基。甘泉縣人。砲營隊官砲兵畢業生。廿九早即開城。省城內外均照常貿易。午後午帥由太湖來。所派援軍甯省及江北與操軍隊馬步共七營。亦先後到省。陳筱帥派與操鄂軍一標協助。即由潛山徑赴桐城剿追。江鄂兵輪並派有楚謙建威及魚雷各船亦陸續到齊。省中現無匪蹤。三十日午帥與家寶出城撫慰地方。商民一律安堵。廬州一帶。已由午帥商之程平齋軍門派隊堵擊。現在四面兜勦餘孽。想不難盡除。特此奉聞。朱家寶東。

第五十章　戊申汪黃謀炸清攝政王

汪精衛之決心　暗殺團之組織　汪精衛之留別書　實行機關之設置　埋置炸彈之失敗　炸彈案之破露　汪黃等被逮與供詞　三人之定罪　營救團之效果　黃復生之自述

汪精衛之決心　戊申三月雲南河口革命軍發難。中山時在新加坡。以軍餉緊急。特派汪精衛鄧子瑜二人赴荷屬文島等處籌款接濟。詎是時歷年在潮惠欽廉鎭南關各地失敗之同志多亡命南洋英荷各屬。彼等對于同盟會幹部之善後措施。頗懷不滿。加以陶成章方大倡光復會。李柱中(變和)李天鄰時功璧許雪秋陳芸生諸人紛然和之。聲勢頓盛。精衛等至文島。大受同志排擊。無功而回。精衛大憤。遂不告中山。私自祕密赴香港。謀一擊滿清重臣以雪恥。黃克強于精衛行後。適由越南到新加坡。乃與中山聯名電汪勸阻。幷電香港馮自由。謂汪乘法國郵船來港。令卽設法堵截。幷阻其冒險。馮乃偕黃隆生屆時預在九龍碼頭守候。精衛抵港。以行踪爲同志所知。因暫停止進行。

暗殺團之組織　精衛旋赴日本。與黃復生黎仲實喻培倫(雲紀)曾醒方君瑛陳璧君等組織一

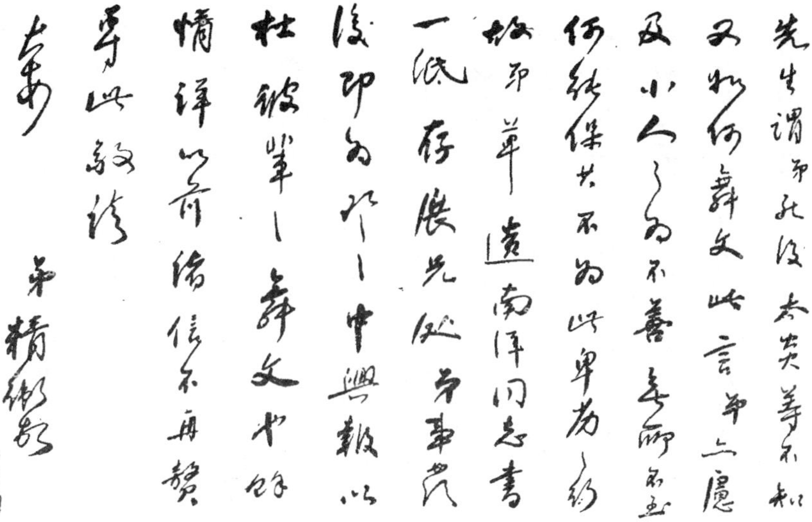
先生謂弟死後太炎等不知
又將何辭文此言弟亦慮
及小人之為不善無所不至
何能保其不為此舉耶
故弟草遺南洋同志書
一紙存展兄處弟事成
後即為報中之中興報以
社說筆之辭文也餘
情詳以前給信不再贅
專此敬請
大安
弟　精衛叩
十月朔

汪精衛北上前致中山原函

小暗殺團。團員共七人。復生培倫於製造炸藥。素有心得。以在日本試驗困難。精衛乃偕仲實璧君復生君瑛等至香港。密設機關于黃泥涌道。時約同志李紀堂赴屯門鄧三伯之農場試驗擲彈及電氣發火化學發火鐘表發火諸法。已酉夏復生培倫聞滿大臣端方將取道京漢鐵路南下。乃先期至漢口守候。欲狙擊之于車站。以機會錯過。祇得將所攜炸彈鉄壳及炸藥等物付托同志孫武保管而去。其後辛亥八月武昌之役。孫武在漢口因製炸彈受傷。卽此物也。

汪精衛之留別書　精衛于已酉一年間爲經營暗殺事件。往還于日本香港者二次。中山克強及南洋同志屢阻其行險。均弗聽。是年秋同盟會南方支部成立于香港。衆舉精衛任書記。時倪映典運動廣州新軍反正。日漸得手。衆同志咸欲精衛留港爲助。精衛以與復生仲實等有成約。堅不肯從。至十二月上旬。遂偕仲實璧君悄然北上。瀕行致書中山及南洋同志告別。錄之如左。

（其一）留別中山書

先生台鑒。來教敬悉一切。前函囑以專心此事。旣聞命矣。後函則以維持團體爲急。此事可置爲後圖。弟意欲維持團體。莫善於力踐前函所言。蓋此時團體潰裂已甚。維持之法。非口舌所以彌縫。非手段所以挽回。要在吾輩努力爲事實之進行。則灰心者復歸於熱。懷疑者復歸於信。此非臆測之言。前事可徵也。丁未春夏之間。太炎輩在東京所以排擊破壞。無所不至矣。洎聞滇粵軍起。東京同志躍起犇赴。未嘗以太炎等之言而有所介介於中。卽太炎等亦自息其喙。惟太炎等最後之手段。無過於發佈詆譭之函。前時因有人彌縫其間。此等最後之手段忍而未發。今則不然。彼等最後之手段已出矣。其排擊破壞之能力。當無有更甚於此者矣。然則今後吾輩復有事實之進行著於天下。則彼等愧怍之不暇。更有何法以惑人。弟等之爲此事。目的在於破敵。而非在於靖內變也。所以靖內變之道。亦不外於此。故弟在東京。於彼等之所爲。付之不見不聞。惟專心於所事而已。先生謂弟死後。太炎等不知又如何舞文。此言弟亦慮及。小人之爲不善。無所不至。何能保其不爲此卑劣之行。故弟草遺南洋同志書存展兄處。弟事發後。即爲登之中興報。以杜彼輩之舞文也。餘情詳以前諸信。不再贅。專此敬請大安　弟精衛頓　十二月朔

(其二)留別南洋同志書

南洋同志公鑒。弟自去歲小除夕離星加坡。邇來遂與諸同志不復相見。至於今將一年矣。此一年中爲此事之故。來往奔走。僕僕不定其居。屢接諸同志來書殷殷詢問。所尤不忘者。仰光同志曾電召弟往。而弟皆未嘗一報。每念及之。輒悚然不安。顧弟所以不敢報書者。以既承諸同志詢問。不能不述近狀以告。將以實相告耶。則事尚未發。不能豫言。將飾詞以相告耶。則是欺也。以是之故。竟躊躇而不告。今者將赴北京。此行無論事之成否。皆必無生還之望。故豫爲此書託友人漢民代存。俟弟事發後。即代寄以補前事疎忽之過。望勿以遲延爲罪。幸甚幸甚。抑爲朋友者。於臨別之際。必有贈言。況將死之時耶。惟弟所欲言者。平日已宣之於民報及中興報。而民報第二十六期所載革命之決心之論文。則將生平爲文字。約而言之。謂弟將死之言可也。惟弟於將死之時。猶有所歉然於中者。則以今春弟將爲此事。平生師友知而責之。以爲死之易不如生之難。宜

留身以當艱屯。其所諄諄責備者。弟心識之矣。顧以革命之事。條理萬端。人當各就其性之所近者。擇其一而致力焉。既致力於是。則當專心致志。死而後已。然後無負於心也。今弟已致力於是矣。而年來與諸同事往來於目的地。相約前仆後繼。期於必制狂虜之死命。故雖聞師友之督責。而一往而不留。亦以耿耿此心。可對於師友也。然死者長已矣。至於生者。因將來革命之風潮日高。而其所負之責任亦日重。其勞苦沉瘁。必有十倍於今日者。弟不敏。先同志而死。不獲共嘗將來之艱難。此誠所深自愧恧者。望諸同志於已死者。勿寬其責備。而於生者則務於團結。以厚集其力。惟相信然後能相愛。惟相愛而後能相助。毋惑於讒言。毋被離間於羣小。毋以形跡偶疎而睽其感情。毋以行事過祕而疑其心術。蓋有此四者。往往使團結爲之疎懈。凡諸黨派所不能免。而祕密性質之革命黨。則尤不能免。有如近日章炳麟陶成章等散佈流言。離間同志。是其一例。願諸同志愼之也。嗟夫。革命之責任必純而有勇者乃能負之以趨。非諸同志之望而誰望。願諸同志同心協力。固現在之基礎。努將來之進行。則革命之成功。有如明朝旭日之必東升矣。弟雖流血於菜市街頭。猶張目以望革命軍之入都門也。言盡於此。伏維自愛。手此告別。敬候

道安。　弟汪精衛頓首　十一月十日

實行機關之設置　己酉年秋九月。黃復生偕同鄉但懋辛先赴北京經營暗殺機關。黃原名樹中。字理君。四川隆昌人也。夙有志于荆聶之事。曾在橫濱從梁慕光學製炸藥。傷其面部。至冬十二月。精衛仲實璧君等均抵京。雲紀攜其所購置照相器具亦到。遂在宣武門外琉璃廠火神廟西夾道設一照相館。名曰守眞。擇期庚戌年元旦日開張。藉避世人耳目。另在東北園賃一屋。以爲集合同志機關。適値清廷派赴歐州攷查海陸軍之載洵載濤兩貝勒于己酉歲暮歸國。精衛復生二人遂攜皮包。內置鉄茶壺。滿貯炸藥。赴東車站相候。擬于下車時炸之。由晨守候至晚。車始抵站。因天已昏黑。見滿站皆戴紅頂者。不知誰是二載。恐誤中他人。遂未下手。時清慶王威權最盛。衆欲炸之以示威。因其出入戒備森嚴。不易動作。遂決計擒賊擒王。專以攝政王載灃爲目的物。以其扈從太衆。恐鉄茶壺盛藥不多。炸力有限。乃由復生向騾馬市大街鴻泰永鉄匠舖定製大鉄鑪罐。圓徑約尺一二寸。高可尺許。能貯炸藥四五十磅。籌備既竣。復從事行炸地點之選擇。

埋置炸彈之失敗　復生等初探悉載灃每日上朝。必經鼓樓大街。鼓樓前有一短牆。伺其通過時。若將鉄鑪罐由短牆擲下。彼可悉數炸斃。詎計甫定。而載灃因鼓樓大街修築馬路。變更行程。遂不果。繼又調查其路線必取道烟袋斜街。亦因租房不得作罷。最後始擇定十刹海旁之甘水橋爲適當地點。其地三面環水。僅一面有居民數家。甚僻靜。距攝政王府最近。爲出入必經之路。橋之北有陰溝一道。可將鉄鑵罐埋置橋下。人則藏于陰溝內。伺載灃過橋時。施用電氣發火。電流一通。則電氣雷管遂起作用。而令炸藥轟然爆發矣。時衆以東北園距十刹海太遠。更于十刹海附近覓得一破廟。名淸虛觀。與道士分租一室。以爲騰挪地。於是決定埋置炸藥事。復生雲紀任之。引放電機事。精衛任之。二月二十一日夜午。復生雲紀同往橋下掘孔。因犬聲四起。未能竣事。次夜復往工作。始將鉄鑵罐埋置孔中。及敷設電線。則以銅線過短。不敷所用。第三日重添購電線。至晚間十二時後續行敷設。忽見橋上有人窺伺。復生大驚。乃使雲紀急赴淸虛觀。止精衛勿來。已則匿于巨樹後。觀其究竟。初見一人持小燈籠下橋。且照且尋。移時始去。復生伺其去後。乃疾馳至橋下。將電線收回。因鉄鑵罐太重。非一人力所能攜。僅擬將螺旋蓋取去。以避搜檢。惟以螺旋太深。倉卒不能拔出。祗得將電線結爲一束。隨以砂土覆之。仍潛匿樹後窺伺。旋見有三人。一警察。一憲兵。一常人。持燈籠二下橋尋覓。良久始去。事後乃知橋上之人係一趕大車者。因其妻三日不歸。出而偵察。見橋下有人。初疑爲姦夫。後乃發見掘地埋物諸事。駭而奔報警察。而黨人行炸載澧之計畫。竟由是破露焉。復生見事巳發覺。倉皇返東北園。卽夜開緊急會議。討論第二次進行方法。以所餘炸藥無幾。羣推雲紀赴東京重購炸藥。仲實璧君往南洋籌款。精衛復生在京留守。待炸藥至繼續進行。次晨璧君忽謂前晚埋置之鉄鐔罐必未經發現。主張復生雲紀二人重往甘水橋探視。以便是夜續行工作。復生等依言往探。則見有持槍警察來往梭巡。始失望而返。翌晨雲紀仲實璧君三人遂各分途出發。

炸彈案之破露　二十三日夜間。有警案在甘水橋洞下發見鉄綫鉄匣等物。知非尋常事。亟歸報警署。警署復呈報步軍統領衙門及民政部。諸堂官聞報。齊至出事地點。衆相視莫敢動。民政部尙書肅王善耆促之。且言若有意外。則身家我任之。各軍警咸默然。後乃請日本使館某技正前往啓視。由日技正徐撥其土。方見一大鉄匣。內置黃色炸藥及雷管玻璃管數十具。乃判爲極猛烈之炸彈。爆發力能燬周圍二里闊。一時京中大震。全城警探極形騷擾。因匣內包藥之紙有英國某公司製字樣。遂有疑及載洵載濤兩貝勒自英國攜回圖謀篡位者。亦有謂慶王因與肅王有隙。故爲此以搆陷之者。是時黨人程家檉方在肅王府任事。知復生等來京。疑與炸彈案有涉，乃使吳友石（白逾桓改名）赴守眞照相館。勸復生暫匿他處免禍。并約其是夜到名妓姚蓉初家密談。吳時任北平帝國日報記者。亦黨人也。復生力辯與是案無關。亦未赴程之約。以免發生他故。惟一意候炸藥運到爲第二次進行而已。

汪黃等被逮與供詞　北京警廳查驗鉄罏罐之鉄蓋螺旋乃本國人製造。遂命偵探將都中鐵匠店挨戸密查。始探知爲騾馬市大街鴻泰永所製。訊據該店主人供稱係琉璃廠守眞照相館中人定造之物。因密派探員于該館修屋時。混入工匠內將往來函件一大包竊去。中有可疑之函二通。警廳始確知該館爲黨人機關。遂于三月七日午前由內城左一區署派警至守眞照相館。將黃復生及照相館司事羅召勛二名捕去。復使精衛等所用小廝帶路跟踪至東北園搜索。僅拿獲精衛一人幷起出手鎗炸彈電線等物。均押至內城總布胡同警察左一區署。旋由區長陸聽秋分別訊問。而鴻泰永鐵匠店主人亦在此作證。精衛復生各自承爲一已所爲。不涉他人。一星期後移至內城警察總廳。亦分別拘禁。次日由廳丞章宗祥召集全廳職員顧鰲等作第二次之審訊。精衛乃草供詞數千言。照錄如左。

汪兆銘別號精衛。前在東京留學時曾爲民報主筆。生平宗旨皆發之於民報。可不多言。丁未年孫逸仙起事時。兵敗後攜炸藥軍器等出。我濳以此等物件納入書篋內寄存友人處。後復往南洋各埠演說。聯絡同志。繼思於京師根本之地爲振奮天下人心之舉。故來。又自以平日在東京之交遊素廣。京師各處熟人頗多。不易避面。故聞黃君有映相館之設。卽以三百元入股。至京居其家。黃君等皆不知精衞目的所在。相處月餘。後見精衞行止可異。頗有疑心。故映相館中有人辭去。至於今日。忽聞价言映相館中有事。故卽往閱。知事發。不忍連累無辜。故復回寓。擬留書黃君自白。未至寓。遂被收捕。自被逮以來。詰者或曰「今中國已立憲矣。何猶思革命而不已。」嗚呼。爲此言者。以爲中國已有長治久安之本。而不知其危在旦夕也。自吾黨人視之。則數年以來。其益吾民之悲痛而不可一日安者。固未少減於曩昔。且日以加甚者也。今之持立憲之說者。以爲立憲則必平滿漢之界。而民族主義之目的可以達。如是則雖君主立憲奚不可以卽於治。以吾黨人論之。姑勿論所謂平滿漢之界與所謂予民以權者爲果有其實否。卽以君主立憲之制而言。其不能達濟國之目的。可決言也。談法理者每謂君主係國家之最高機關。有憲法以範圍之。則君主無責任而不可侵犯。故君主立憲。未嘗不可以治國。此於法理則然矣。以事實按之。而有以知其不然也。大抵各國之立憲。無論其爲君主立憲爲民主立憲。皆必一度革命而後得之。所以然者。以專制之權力積之旣久。爲國家權力發動之根本。非摧去強權。無由收除舊布新之效故也。法國當路易十六卽位之初。蓋已幾樹立憲君主政體矣。而後卒不免於大革命。其故實由於此。此非惟民主國之法國爲然。以君主國言。若英所謂憲法之母者也。若德若日本。所謂君主立憲政體之強國者也。今之言立憲者多祖述之。其亦嘗一按此三國之歷史乎。英國無成文憲法。其所謂權利請願與所謂大憲章者。實由幾度革命所造成。其憲法發達之歷史。蓋遞遷迭變以至於今日者。法學者謂英國之國體雖同君主。而以其政治而論。。實爲民主政治。非虛語也。德國之憲政。由日耳曼聯邦自治制度夙已發達。足以爲其根本。故君主立憲之制可行之而無礙。至於日本。則所謂最重君權之國也。其憲法上君主之大權。遠非德國可比。微論英國。今中國之言憲政者。或謂當以日本爲法。或謂其君主大權過重。戾於法理爲不足學。吾以爲前說固無足論。卽後亦徒爲法理之空談。非事實之論也。夫謂日本憲法君主大權最重者。於法理上則然耳。至於事實則大權固不在君主也。維新以前。幕府專制。天皇僅虛位。是故倒幕之役。實爲日本政治上之大革命。西鄉隆盛以兵東指。德川幕府以兵迎降。政治上之大權已移於維新黨之手。於是德川歸政。天皇總攬大權。要其實則天皇高拱。國事皆處決於倒幕黨之手。是故日本之憲法。以法文而言。大權總攬於君主。而以歷史而言。則其國家權力發達之根本。固已一易而非其故矣。今以此三國立憲之成績衡之中國。乃無一相當。既非如英國憲法之以漸發達。又非如德國有自治制度以爲根本。而又非如日本之曾經廢藩倒幕之大革命。其專制政體行之已數千年。自二百六十餘年以來。且日益加厲。所謂國家權力發動之根本在於君位。而政府各省行政官特爲奴隸供奔走而已。一旦慕立憲之名而制定憲法大綱。其開宗明義。以爲憲法所以鞏固君權。夫各國之立憲。其精神在於限制君權。而此所言立憲。其宗旨在於鞏固君權。然則吾儕謂如此立憲。不過爲君主權力之保障。爲政府之護符。其言有少過乎。嗚呼。如此之立憲。卽單以解決政治問題。尤且不可。况欲兼以解決民族之問題乎。夫民族主義與民權主義有密接之關係。民族主義謂不欲以一民族受制於他族之強權。民權主義不欲以大多數之人民受制於政府之強權。然所謂強權者。卽政治上之權力。今雖稱立憲。而其目的在於鞏固君主之大權。是其強權較昔加厲。其終爲民族民權兩主義之敵。不亦宜乎。論者又曰。此爲國會未開時爲然耳。當國會已開。則民權日已發達。故爲政治革命計。爲以速開國會爲唯一之手段。爲此言者。可謂惑之甚也。夫立憲所以鞏固君主之大權。上文已言矣。而國會者。卽爲此大權所孕育而生。如嬰兒之仰乳哺。得之則生。不得則死。如是之國會。而欲其能與政府爭權界以爲人民之代表。庸有望乎。吾敢斷言國家權力發動之根本未經變易。而貿貿然開國會以生息於君主大權之下者。其結果不出三種。

一曰。國會爲君主之傀儡。前此之土耳其是也。土耳其嘗立憲矣。其立憲悉模仿歐洲君主立憲國。條文頒布之後。以親貴之臣組織內閣。以各省總督爲上議院議員。以阿附朝廷之小人爲下議院議員。粉飾苟且。殆如一場戲劇。未幾其內閣頹然傾倒。而國會亦閉歇不復開。至昨歲而有少年土耳其黨之大革命。

二曰。國會爲君主之魚肉。今之俄羅斯是也。俄自與日本戰敗後。迫於民變。不得不立憲。其憲法條文之完善。較之憲法大綱相倍蓰也。其政黨之強立。較之今日請開國會者之兒戲相霄壤也。其憲法條由民黨數十年血戰所購得。較之今日所謂立憲又不可同日而語也。然而國家權力發動之根本無所變易。國會終不能與政府之威權相敵。故自有國會後。以持正誼之故。屢被解散。議員逮捕者纍纍不絕。膿血充塞之歷史如故。革命之風潮亦急激如故。

三曰。國會爲君主之鷹犬。今之安南議會是也。安南隸屬於法。法欲苛斂其民。而虐以是激民。乃開議會。以安南人之有資望者爲豪傑員。爲會員。每欲加稅。輒開議會。使議決號於衆曰。此議會之所議決也。故安南人有議會。實爲法國官吏之鷹犬。協力以噬其民者也。

由是觀之。卽如請願國會者之所期。其結果不出此三者。請願諸人。其果有樂於是乎。醉虛名而忘實禍。其罪實通於天也。立憲不可望如此。以故革命諸人以爲欲達民主之目的。舍與政府死戰之外。實無他法。此革命黨所久已決議者也。若夫避戰爭之禍。而求相安之法。則前此革命黨人。……………………則民族主義民權主義之目的。皆可以達。而戰爭之禍亦可以免。誠哉言也。或有慮此爲不利於滿人者。不知果不言立憲則已。如其立憲。則無論爲君主國體。爲民主國體。皆不能不以國民平等爲原則。謂民主國體爲不利於滿人者。非篤論也。或有謂此爲不利於君主者。然以較諸鼎革之際。其利害相去當如何。歷史所明示。不待詳言也。所謂願汝生生世世勿生帝王家。及所謂汝奈何生我家者。其言抑何慘也。設不亡於漢人。而亡於隣國。則法之待安南。與日本之待朝鮮。視去其國王如一敝屣。而其國王乃日仰鼻息以求活也。以較之日本德川幕府。奉還大政。身名俱泰者。其相去何如乎。

上之所言。於國內現象略陳之矣。至國外之現象。其足使中國一亡而不可復存。一弱而不可復強者。尤令人驚心怵目而不能一刻以安。國人於庚子以來。頗知敵國外患之足懼。至於今日反熟視若無所駭。此眞可爲痛哭者也。夫中國自甲午戰敗以來。所以未至於瓜分者。非中國有可以自全之道。特各國平均勢力之結果而已。庚子之役。俄國乘勢進兵於東三省。久駐弗撤。實啓瓜分之局。日本以均勢之故。遂與之戰。戰役既終。而各國之形勢爲之一變。前此英日圖同盟。與俄德法同盟相抗。日俄戰後。而有日俄協約。有日法協約。有英俄協約。所謂協約。質而言之。實協以謀中國而已。前此欲謀中國。而各國自顧其利害。勢有不均。遂相衝突而出於戰。今則鑒於戰禍。而以協約爲均勢之不二法門。一旦各國勢力平均。則保全瓜分爲其所願。顧所以苟延至今日者。以英法慮德爲之梗。而日本又慮美國之議其後也。比年以來。日美之衝突日以彌甚。數月前且有日美開戰之說。而日英美同盟之議囂然大起。日本新聞從而論之曰。日英美同盟成立。則可以制支那老大帝國之死命。其謀我之亟。有若是也。夫美富而日強。兩國雖各懷敵意。終不敢遽如日俄之肇釁。其彼此利害衝突之點。終必以協定之。誠使英德俄美日對於中國之均勢政策略定。則自甲午以來。中國所賴以苟安偷活者。至是已失其具。保全在人。分割在人。有爲波蘭之續而已。分割之慘。夫人而知之矣。抑亦知所謂保全者。其害禍無異於分割。國不能自立。而賴保全於人。已失其所以爲國。人爲刀俎。我爲魚肉。此所謂一亡而不可復存。一弱而不可復強者也。識者有憂於此。乃渴望淸美同盟。夫同盟之目的在於互相扶助也。故有兩強國同盟者。而决無以強國與弱國同盟者。以強國而與弱國同盟。是必強者以同盟爲餌。而釣此弱者也。前此淸俄同盟。是其例矣。夫國不自強。萬無可以與他強國同盟之理。而非於國家權力發動之根本上有大變革。又無可以自強之理。愛國者可由此而知其故矣。今之談國事者。不以此爲憂。而顧以邇來中國與外國交際。其體面較優於前。遂怡然用以自慰。夫曩者中國所以不見禮於外國者。以其賤外排外之思想。然雖如是。而俄人固嘗以深情厚貌相親。而因以攫大利矣。今中國人之思想。已由賤外排外而轉爲媚外。而各國之智。孰不如俄。知中國之所重者。不在主權。不在土地人民。而在體面。遂亦競以深情厚貌相結。以期外交上之圓滑。而中國之人遂以沾沾自喜。間有一二小權利得僥倖爭回。則尤大喜欲狂。而於外國之協以謀我。瞠乎若無所見。此眞燕雀巢於屋梁。而不知大廈之將傾也。此無他。由人人心目中。以爲今已預備立憲。凡內治外交諸問題皆可藉以解决。醉其名而不務其實。如相飲以狂藥。猥曰期以八年。迢迢八年之後。中國之情狀。其有不忍言者矣。由此言之。中國之情勢。非於根本上爲解决。必無振起之望。及今圖之。其猶未晚。斯則後死者之責也。

三人之定罪　炸彈案破獲後。肅王以各衙門軍警破案有功。特由民政部提銀二萬元。以充賞犒。旋又查悉法政學堂職員孫鏡淸與黃復生同鄉。常代黃收遞函件。亦一併拘捕。後由四川同鄉京官及同堂學友四百餘人各出具保結。向內城警廳力保。始獲開釋。淸吏以精衛等供詞足以搖動人心。特禁止各報登載。載灃初極震怒。擬置精衛復生二人以極刑。程家檉乃極力向各方爲二人營救。且語肅王。謂國家如殺汪黃。則此後黨禍日夕相尋。非朝廷之福。肅王閱供詞亦大感動。乃力主從輕治罪之說。且謂時方標榜立憲。爲和緩人心及羈縻黨人計。宜作釋怨之舉。博寬大之名。載灃從之。遂下諭將精衛復生交法部永遠監禁　羅召勛則禁十年。法部因在預備立憲期內。對於汪黃羅三人待遇。較尋常犯人略優。肅王及貝子溥倫嘗至拘所看視。溥倫僅一問姓卽倉皇退出。肅王則再三慰問。備致欽崇云。

營救團之效果　仲實璧君雲紀於汪黃被捕後。同至香港。設機關於九龍城。專從事營救汪黃之活動。加入此新團體者。有女同志黎德榮李佩書二人。旋派德榮璧君先後赴南洋各埠籌款。庇能同志吳世榮黃金慶助之。共得款萬餘元。惟奔走經年。成績絕少。僅由張煊求助於法部同鄉司員。使達函於精衛。得其在獄中所賦詩數章及信到平安四字而已。辛亥春間。雲紀以所事無成。乃隨黃克強於三月二十九日攻擊督署。卒殉義於是役。精衛復生召勛至辛亥八月武昌起義後。始由清廷開釋。精衛遂與楊度聯名提倡南北和議。先是精衛有聘妻曰劉文清。香港華民政務司署文案劉子平之女弟也。丁未戊申間。精衛以從事革命爲辭。向劉氏提議退婚。劉浼鄧子瑜向精衛達意。謂其女弟可株守以待。精衛乃謂革命不成功決不娶婦。辭甚決絕。故其後璧君屢求婚於精衛。而精衛迄未敢應。嗣暗殺團北上後。精衛仲實璧君同居東北園。璧君乘間重提出婚約。精衛不能却。卒從其請。及民元南北統一。汪陳之婚禮亦正式宣佈。仲實自是放浪形骸。寄情酒色。至民九竟以瘵終。

黃復生之自述　關於謀炸清攝政王案始末。黃復生敘述當日情形極詳。錄之如左。

己酉年秋九月。予偕但懋辛同志赴北京經營暗殺機關。冬十二月。汪精衛始偕陳璧君黎仲實來京。喻雲紀亦於同時購置照相器具來京。設照相館於琉璃廠。名曰守眞。以爲避人耳目計。擇期庚戌年元旦開張。此固在東京預定計劃也。先是清庭派載洵載濤兩貝勒赴歐洲攷查海陸軍。於己酉歲暮歸國。精衛偕予攜皮包。內置鐵茶壺。滿貯炸藥。赴東車站相候。擬於下車時炸之。詎因爲時過晚。見滿站皆戴紅頂者。恐誤中他人。遂怏怏返。時清慶王最專橫。予等復欲炸之。因不得間。嗣乃決計擒賊擒王。始以攝政王載灃爲目的物。以其出入扈從太多。恐鐵茶壺之力量太少。乃由予向騾馬布大街鴻泰永鐵匠鋪交涉。定製大鐵鑄罐。圓徑約尺一二寸。高可尺許。能貯炸藥四五十磅。時攝政王上朝由鼓樓大街。鼓樓前有短牆。伺其通過時。將鐵鑄罐由短牆投下。彼可悉數炸斃。詎計甫定。而鼓樓大街改築馬路矣。又調查其路綫必取道煙袋斜街。復以租屋不得作罷。予復多方調查。最後始擇定十剎海旁之一小橋。名甘水橋。距攝政王府最近。爲出入必由之地。橋之北有陰溝一道。可將鐵鑄罐埋於橋下。人則藏於陰溝內。用電氣發火。伺其過橋時。則按機關。電流一通。電氣雷管遂起作用。而使炸藥爆發。庚戌年二月二十一日。予與喩君往橋下工作。不知何來多犬狂吠。幸次夜往埋。異常淸靜。埋畢。敷設電綫。不圖綫太短。所差甚多。次日復添購。至晚間十二鐘後。予與喩君復往工作。電綫固已足。喩君於橋下舉首上望。詎見一人蹲於橋上。（既入獄後。始知其人係一趕大車者。因其妻三日未歸。彼見橋下有兩人。方以爲係其妻與奸夫也。）喩君以日語私謂予曰。橋上有人。吾等之祕密恐已被其窺破矣。予聞之駭然。乃囑其速往告精衛避歸。予將看一水落石出。先是予等之住所爲東北園。距十剎海太遠。乃於其旁覓得一破廟。名淸虛觀。與道士分租一室。以爲騰挪地。是時精衛正待於此。一俟安置妥後。彼將任按電機者。喩君去後。予擇一巨樹匿而窺之。初見一人持小燈籠下橋。且照且尋。移時始去。予伺其去後。乃疾馳至橋下。將電綫收回。擬將螺旋蓋取轉。以鑪罐太重。一人不能攜也。詎正退螺旋之際。突聞橋上步履聲甚急。因螺旋太深。倉卒不能退去。無已。始將電綫結爲一束。隨以沙土覆之。仍潛匿樹後。窺其究竟。時見有三人。一爲警察。一爲憲兵。一即普通人也。持燈籠二。下橋尋覓。良久乃出。予見事已敗露。乃倉皇走還東北園。即夜開緊急會議。與會者喻雲紀黎仲實陳璧君汪精衛與予也。當經議決雲紀赴東京重購炸藥。仲實璧君赴南洋籌款。予與精衛則留守。待炸藥至乃繼續進行。以所餘之藥無幾也。次晨璧君妙想天開。堅謂所埋之鉄鑪罐必未經發現。果爾。則今夜重往施放也。嬲予與雲紀到當地探視。無已。遂前往。雲紀由西而東。予則自東而西。予方行至十刹海附近。遠望甘水橋上鵠立持鎗警察三。予遂未前進。少焉見一人乘人力車。似睡熟者。偏偏倒倒通過。而三警察皆極注意其人。蓋即雲紀也。予恐有偵者尾其行。遂未與語。而逕遄還東北園。雲紀已早歸矣。歸白璧君。始釋然。又明日。三人遂首途矣。嗚呼雲紀。不圖即此而長別耶。二十四日有吳友石君來相館訪予。吳君即白逾桓。亦舊同志也。時在帝國日報主筆政。蓋予抵北京。彼初未嘗至此。相見即詢予曰。日來報紙登載十刹海旁之炸彈案。君知之乎。予曰。因相館事忙。連報都無暇閱。予復問其報紙如何登載。彼曰。前夜當地警察發現地雷後。即報當局。無敢動者。後乃詭日使館某技正前往啓視。據云。幸未爆發。否則北京城將陷大半矣。有謂係溥倫貝子謀篡位者。有謂慶王因與肅王有隙。故爲此以害之者。又謂係載洵載濤兩貝勒自英帶回者。以包藥之紙有倫敦字樣也。議論紛縈。莫衷一是。而各機關凡有偵探者。悉出全隊以偵之。舉凡茶館酒肆妓寮戲園莫不密布偵探。我勸同志可暫避腥風。勿當此大難。予謂我開此照相館。炸彈案胡與我事。彼曰。年來留學生孰不來攷小京官。豈肯營照相業者。幸勿欺人。以自欺也。予復力辯之。彼乃謂有程永生同志擬與君晤談。可否見允。予問在何處。曰姚蓉初家。予曰姚何人。曰名妓也。予曰請遲至九鐘。恪當奉命。過時請勿待。遂握別。予急歸商精衛。告以吳之言論。及程君之約是否可赴。汪曰。程家檉固老同志。第其人粗豪。恐窰子裏一言不愼。反生波折。不如不去之爲愈。約逾一星期。吳君又至。謂予曰。炸彈案聞昨日在蘆溝橋捕獲一人。已槍斃矣。君知之否。予曰。未也。前此私心竊謂報紙所載純屬清廷自相殘殺。今復憫無辜之人爲予等替死。然對吳君前仍未敢形諸辭色也。予等自信力太堅。以爲予等所爲。毫無破綻。豈彼無識偵探警察所能破獲者。不圖三月初七日午前十一鐘頃。予正在于東北園宅中與精衛談話。而予等所僱之小廝名達子者。突來謂汪曰。四老爺四老爺。照相館內有人請黃老爺去。予問何事。彼曰爲什麼執照的事咧。予謂汪曰。想該無甚事罷。汪亦曰。該無甚事罷。予于是遂去。詎甫行至琉璃廠大街。突來一人撾着予胸。謂予曰。汝使得好假鈔票呀。是蓋所謂當頭悶捧之術。予曰。我的事我明白。汝等不得無禮。旋來多人擁予至廠店。二人執予左右手。褫予衣以檢查之。隨即招一騾車前來。擁予登車。車去。至大柵欄。始見軍警林立。如臨大敵。其初蓋皆匿於肆中也。車旣風馳電掣。俄項間。即抵內城之總布胡同左一區署。兩人各執左右手。令予面牆立。略問姓名籍貫後。少息於一斗室。兩人仍各執左右手而坐。少焉一人來叱此二人去。且以親善之詞謂予曰。黃先生今日受驚矣。我等爲職務所迫。萬祈原諒。予曰唯唯。未幾一人坐公案。二人挾左右臂而立。其人初以驚堂木一拍曰。汝是黃復生。予曰是。又曰汝幹得好事。可速畫供來。予曰。究犯何罪。所畫何供。予犯罪之證據何在。其時實無所謂證人證物也。彼聞予言。乃曰。請休息一下罷。約午後二鐘許。即見大車將予等東北園宅中所有一切器具咸運來矣。更見一騾車。所載者即精衛也。時予知事全敗。自分萬無生理。心反坦然。精神轉覺疲怠。予謂守警曰。予倦思睡。彼輩以門板令予就寢。予寢正酣。忽有人呼予起。時方半夜。忽見燈燭輝煌。予意以爲必至刑場也。乃導予至午間審訊處。而巍然高坐者仍係此人。後乃知爲左一區區長陸聽秋也。第其時忽變其最親善之態度。以極親切之口吻呼予曰。復生。汝之精衞先生。我已請至此矣。且已錄供詞矣。予曰。精衞何在。予將晤之。彼曰。不可。予曰。然則供詞又何在耶。曷以示予。彼曰。是烏乎可。旋將予所餘之炸藥及電綫手鎗等悉陳於案。而言曰。晝間汝謂無證據。此諸物者。甯非汝之證據耶。俄而鴻泰永之主人亦至。指予而言曰。疇昔來我家交涉造鉄鑪罐者。非子也耶。予曰。汝今已至。夫復何言。可將紙筆來予書供詞。詎書至「此次之事純予一人之所爲。精衞不過客於予處」。予之作是書者。非爲掠美。實欲救之也。乃彼人務令予易之。予曰。事實如斯。予胡能誣我良友。彼聞之動容曰。異哉精衞亦如是供也。必不可易。亦已矣。一星期後移拘內城總廳。次日由廳丞章宗祥召集全所職員作第二次之審訊。即所謂清供也。僉事顧鼇亦在座。閱二日。有蕭君者。前來安慰予曰。爲黃先生報一喜信。略謂日昨因汪先生曾爲一文。洋洋數千言。堂官閱之。(指肅王)甚爲感動。對於兩公力圖營救。此案大致可無生命之危矣。予曰。感君盛意。不過吾等此次之所爲。即早已置生死於度外。爲國家人民謀幸福不成。死亦分也。次日。予正翻閱殘書。忽聞室外有人耳語聲。少焉。即見一人啓簾入。詢予曰。貴姓是黃。予曰是。向予一揖。予亦報以一揖而退。時予之外室有持鎗警察四人。晝夜監守。予叩以斯人爲誰。曰倫貝子也。予忖其必以震驚革命黨三字而來。在彼之意。必以爲係三頭六臂。不圖乃一白面書生也。又明日午前。警察來告。謂肅王將來談。俄見一人入。見予翻閱殘書。彼卽謂予曰。此時正好讀書也。猶憶從前令先祖。不知是黃漢昇。還是那一位。曾在獄中與夏侯勝學易。夏侯曰。此時還學甚麼易經。黃曰。朝聞道。夕死可矣。予當告以是黃霸。字次公。非漢昇也。彼乃笑謂予曰。汝看得很熟。很好很好。旋謂我尙將晤精衞談談。遂去。至三月二十日午前八鐘。巡官來謂肅王傳汝等詢話。導予至一客廳。精衞亦至。肅王以滑稽態度謂予兩人曰。汝二人亦久違矣。今特爲汝等介紹。有甚麼話。儘管隨便談談。時室中尙有廳丞章宗祥及僉事顧鼇。肅王謂予等曰。此次之事。王爺甚震怒。(指攝政王)我與之力爭。我說寃仇宜解不宜結。革命黨豈止汪黃兩人乎。卽使來一個捕一個。但是寃寃相報。何時是已。如今已爭到徒刑。但是在有期無期間。我還要爲汝等爭也。不過此次有一人很費得力呀。其人爲誰。卽程永生也。旋又談及。我生平最愛讀民報。出一期我讀一期。我當時曾說過天討民報增刊所插的畫。爲蘇曼殊所畫翼王夜嘯圖及射狐等我說民黨內有如此的人才。可以言革命矣。但是不過民報所標的三民主義。我猶稍嫌狹隘得一點。我想將來不但不但五族大同。卽世界亦將有大同的時候。不悉我這種主張。你們二位以爲如何。時予未及答言。精衛曰。兆銘和復生的主張。已在民報上披露。今天王爺所說。我等向來尙無此種觀念。不能作答。彼聞此言。當卽竪一拇指曰。到此生死關頭。尙能堅持自己的宗旨。眞是令人佩服。直談至午後三鐘。刑部方面屢催起解。彼猶依依不捨。謂爲相見恨晚。且謂予等曰。我這面惜無房舍安頓二位。刑部監係未改良的。恐待遇有不周之處。都向我這面看看。如須閱何書報。儘可寫信來。我當照辦。旋卽用騾車派軍隊護送至刑部。獄官問姓名畢。卽入獄。予居第三監。精衛居第四監。羅偉章居第二監。羅乃十年監禁。予等則永遠監禁也。所幸者。顧巨六爲予等交涉作官犯辦。得享小屋。用自己襆被衣服等優待。其他如全副刑具以及飲食等。皆與常犯無異。至次年三月二十九黃花岡一役消息傳來。知雲紀及諸好友皆被難。予與精衛痛不欲生。迨至八月十九武昌起義。北京震恐。予等平時尙能閱報。至此亦禁止矣。洎九月初六。宣統下罪已赦大詔黨人後。資政院議員劉鴻岷易宗夔等具書質問刑部曰。朝廷旣大赦黨人。何以汪黃兩人猶禁在獄。刑部推諉此案係民政部送來的。不關我部事。又問民政部。詎該部亦推此案已經交過刑部不關我事。後乃兩部一齊質問。兩部無法。乃奏請釋放。當下上諭。略謂「政治嫌疑犯某某等着發往廣東交張鳴岐差委」。時九月十六日也。予等在獄計十七閱月。中間有御史請開黨禁者。惟趙堯生先生一人耳。而請治罪者。亦有胡思敬御史。猶憶其文中有汪黃二逆。東西法律在所必誅二語。當在獄中時憤極。擬出獄後前往請教胡御史之東西法律。既出獄後。未幾精衛即偕趙鉄橋赴石家莊。後與楊度組織共進會。以謀和議。而予亦赴天津。與杜黃等組織京津同盟會。旋即偕黃禹昌彭家珍等赴滬分頭工作矣。此其經過之大略也。

第五十一章　己酉哈爾濱熊成基之獄

戊申後之行踪　密售軍書之交涉　謀刺載濤之告密　就義之壯烈　孫竹丹被害始末

戊申後之行踪　熊成基于戊申十月安慶失敗之後。即東渡日本留學。初易姓名曰龍濳。號望雲。研究軍事學及製造爆藥學極有心得。時留東革命黨人甚衆。惟各樹門戶。意志不一。成基于諸同志中與孫銘錢兆湘石德純蕭翼鯤數人往還最密。復由翼鯤介紹識黃克強于小石川區水道端町五十二番勤學社。相與計畫再圖大舉之方法。咸謂革命黨歷次起義皆由軍費缺乏。以致功敗垂成。以後非先解決經濟問題。不可冒昧從事。因有先籌餉後舉事之議。會有同志孫棨由日本某武官手取得彼國參謀部機密兵書及軍用地圖數十種。議向俄國當局求售。而充革命經費。孫銘願担任回國。至北京辦理此事。成基恢復之心切。亦急于回國。欲至東三省售書。兼謀進行。諸同志以成基在祖國行動不便。羣相勸止。適成基得其友商震由滿洲致函。謂書已交涉明白。請來解決。諸同志以爲危險。仍勸莫行。有臧克明者。與商震交厚。力勸熊往。而臧亦熊友。並由臧寓書乃父冠三。介紹成基住其家中。成基以棲托有所。機會萬不可誤。遂更易姓名曰張建勳。持臧介紹書。間關至吉林長春。即假寓臧冠三家中。臧係奉天人。年近六旬。乃馬賊出身。向信耶蘇教。日俄戰爭以後高談革命。雅好投機事業。戊申在長春創辦旭東公司。未幾倒閉。股東所投資本盡入私囊。夏間官場有緝拿黨人韓東洋之舉。臧又投入韓黨。其人外觀仁義。內實奸險。成基至長詢及售書交涉。始知商震之函空虛。而臧冠三尤不可恃。

密售軍書之交涉　成基居臧家逾月。冠三竟居爲奇貨。屢向告貸。馴致成基所攜川資盡爲冠三敲去無遺。行囊缺乏。困頓長春。己酉七月中旬孫銘到北京。函詢成基現狀。並及售書交涉。一面尋舊友程家檉商議售書方法。嗣得成基復書云。商震前函毫無根據。現另設法辦理。並請速籌接濟。孫銘得信後。即促程速爲售賣。旋由程介紹同志丁汝彪暨俄國譯員趙郁卿。將所帶之書售去一種。由大清銀行匯洋三百元與臧冠三轉交成基。而冠三竟將此款全數吞沒。成基不知。仍去函告急。繼知臧不足靠。遂棄之赴哈爾濱。擬獨行運動。同時致書孫銘。謂同志韓應房過長春。所帶川資尙敷二人之用。已與應房同至哈爾濱。寓秦家岡賓如棧。以後通信直寄賓如棧。萬不可再寄長春云云。孫銘得信。乃一意研究售書交涉。而購書者甚狹。持不緊不脫態度。彼此不肯俯就。會程家檉籌劃之款幸而成功。約得五千金之譜。舉以爲贈。孫銘欲脫北京交涉。遂攜三千金赴哈交給成基。此已酉十月下旬事也。其時韓應房尙與熊同居一寓。同志梁冰亦因黨事至哈。於是皆會集哈埠。羣力交涉。仍無效果。遂決計待價而沽。不圖速成。共議熊囘日本。熊以所謀不遂。堅不肯行。決計留哈研究俄文。且有會同東三省同志商震籌劃開墾之議。至十一月中旬孫銘梁冰等均返北京。另有所圖。十二月初旬接熊函云。將至長春與徐偉天齊續堂等別圖售書方法。孫銘復信謂臧冠三既不足靠。長春萬不可居。叮嚀勸其勿往。成基因急欲成功。竟不聽勸。徑赴長春晤徐等。徐囑其囘哈候信。幷以旅費關錢一百吊爲贈。而不知禍機已伏于此矣。

謀刺載濤之告密　臧冠三以熊再到長春不與往還。銜之。且誤聞熊已由北京籌到巨款。乃致信與熊欲借萬金。熊得函甚爲焦灼。力白無款。臧又來函相迫。云爾在吾家居有數月。現時年關將近。卽不言交情。而伙食一項汝亦不給耶。吾當向官吏告密。熊得信未作復。遂偕一日本友人同移居俄人飯店以避之。適是時滿親貴載濤由歐洲考察陸軍。經西伯利亞鐵道歸國。路過奉天。沿途警戒。異常嚴重。臧遽向吉撫陳昭常告密。言安慶革命首犯熊成基潛來哈爾濱。欲謀炸貝勒。陳得報大駭。乃飭撫署劉中軍督率軍警赴哈埠嚴緝。一面於載濤所過各站。警衛加嚴。而外間絕無知者。十二月十八晚載濤車到哈站。以防範刺客故。並未下車。停一小時即乘原車南下。哈埠俄官因其未下車酬應。頗不滿意。嗣經清吏解說。始爲釋然。成基于載濤之日過哈。嘗徘徊于車站附近。欲伺隙行事。旋以警備森嚴。無可進行。乃在站外餐室據案大嚼。良久始失意他適。

被逮後之供詞　吉林公署所派祕密偵探連日在哈埠大索刺客。卒于是月二十日下午在秦家崗下坎俄國飯店緝獲熊成基及日本人一名。成基直認本名不諱。日人當即開釋。二十一日解赴長春。由西路道顏世清親自提訊。成基索筆寫供。洋洋數千言。照錄如左。

熊成基供字味根。實年二十三歲。軍冊年二十六歲。江蘇楊州府甘泉縣人。寄居安徽蕪湖。祖父熊瑞生曾任安徽繁昌縣。父熊存仁係候選通判。均已早故。母親胡氏在堂。胞兄熊成模安徽候補州吏目。胞弟熊成鰲年尚幼小。我一向在學堂肄業。尚未定婚。先在安徽練軍武備學堂。後入南洋炮兵學堂。均先後畢業。由南洋炮兵將校科派陸軍第九鎮第九標炮兵排長。繼調安徽馬營隊官。由馬營調炮營隊官。我平日革命宗旨以推翻政府。改革政治。倡人權。均貧富爲主。要不盡係滿漢種族之見。我平日待士卒甚厚。大衆頗爲我用。遂陰結在營同志。屢欲乘機起事。俱未得便。光緒三十四年十月間。因各省軍隊俱赴太湖秋操。又值國喪。人心皇皇。皖省留防軍隊僅有數千人。我本意如能攻開省城。據有根本重地。再連夜直赴太湖之秋操演習地。蔭昌端方均屬平庸之輩。衛隊都不過千餘名。斷不濟事。至秋操之兵雖有兩萬。然多係空鎗。難以抵禦我軍。如我得該兩鎮兵隊。直行北上。則必勢如破竹。且該兩鎮兵多係隣省之軍隊。如一旦爲我所有。該隣省亦必在我之掌握中。有此天然一部落之根據地。一面攻取他省。一面宣布獨立。又何患目的不達。天下可唾手而得。遂于是月二十六日夜間乘機暴動。逼脅混成協全軍變。放火創亂。開炮攻城。皆我一人主謀。並無主使之人。孰料城中內應誤事。計畫未周。以致失敗。我之宗旨事成則已。否則犧牲其身。社會上亦不無小受影響也。况各國之歷史。皆流血多次而後成功。我此次失敗者。普通社會中人不知附和也。推其不知附和之原因。蓋因自由之血尙未足耳。譬如草木不得雨露。必不能發達。我們之自由樹。不得多血灌漑之。又焉能期其茂盛。我今早死一日。我們之自由樹早得一日鮮血。早得血一日。則早茂盛一日。花方早放一日。故我現望速死也。嗚呼政府。爾等決不能誅盡我黨。亦祇有愈死愈多而已。起事之次日。爲二十七日。下午四鐘敗散。帶殘兵奔向廬州一帶而去。被姜桂題馬隊三百餘人追至。我之敗兵反擊姜軍。如鳥獸散。殊爲可哂。嗣我因無援助。所帶殘兵僅有三十餘人。已知不能成事。卽勸伊等各自逃生。我遂由廬州西北走去。由西北又向正北。由正北再向東北。日行二三十里不等。均循僻地空地逃去。夜則宿古廟或小店。所經地名。日久不復記憶。田中玉帶兵追勦。我遇見多次。他們亦不相識。且官兵各存意見。均想邀功。我乃脫逃虎穴。後由河南至山東烟台。由烟台至大連。今年正月由大連至日本神戶。由神戶至東京。住勤學社。勤學社者。即我們革命機關本部也。本年正月二月間。我曾至瀋陽長春一帶遊歷。在瀋陽居留一天。住在東洋旅館。因聞田中玉在奉天。伊曾充安徽督練處總參議。他手下有我的照片。並因瀋陽事無可爲。故未久留。復到長春。在府署西偏租賃民房一間。改易姓名爲張建勳。字立齋。河南永城縣人。自此我遂以此名字籍貫對人。我的熊成基本名。從未向人道及。未久即行囘日。六月間黨人集議。以黨中經濟困難。欲謀舉辦大事。必先籌得巨款。始能爲力。東三省介于日俄兩國之間。將來必有戰事。大有可乘之機。適有北京派往日本之委員孫銘。號竹丹。在日本時曾與我相識。但伊並不知我係何許人。我以別號望雲二字告之。伊得有日本軍事計畫祕本約千餘冊。據云。係爲中國政府所覓。伊留一份。如以售與俄人。當得重價。我即挺身擔任代爲銷售。約定售妥。各得其價之半。先四冊作爲樣本。意欲藉此聯絡俄人。釀成戰局。以便從中舉事。故于八月間喬裝來東。先至長春。住臧冠三家中。臧前開旭東公司。伊子克明在日本東京耶蘇教堂。平日與我之友人相契。所以知冠三其人而投止之。後因我在臧家居住。究屬不便。乃囑其代租房間棲身。並將售書來意告知。囑其留意代銷。又在臧冠三家曾見過徐尚德幾次。徐亦絕不知我來歷。伊後赴大連去訖。有人說伊曾由大連寄我銀元八十枚。實無其事。如不見信。可以赴郵局或銀行調查。緣徐尚德之妻係日本人。粗通文字。其人智識亦非甚高。如其知我底蘊。恐亦早向官府報告矣。我于八月中即到哈爾濱。寓在賓如棧。從俄人夾根肄業俄文爲名。暗謀交接俄人。銷售祕密書册。乘便糾合同志。以圖大舉。適俄外部大臣來哈。由在哈俄商介紹往見。先交樣本二册。議價銀一百萬。俄人現正調查。尚未定局。不意臧冠三走漏消息。致被拿獲。孫竹丹現在北京。與我雖在東京認識。並不知我眞姓名。緣吾在日本時。頗守靜密主義。不肯稍涉囂張。從未吐露眞名。惟黨中首領黃與一人知我底蘊。所有旅行日用。均由東京革命黨本部津貼。或疑我之在哈爾濱。係圖行刺貝勒。亦屬誤會。總之我心堅定。百折百囘。去年十二月二十六日安慶之役。皆余一人所爲。並無第二人預聞其事。乃聞事後皖撫無故殺戮多人。至今囘念。爲之愴然。惟恨我年紀究竟太輕。閱歷尚淺。否則安慶之舉不致一敗塗地。又何致來東三省耶。然心地光明磊落。所說皆是肺腑之言。倘使因我任意株連。自問不安。亦覺無謂。當余在哈時。所有衣服行囊皆被偵探取去。入署後。胡司馬直以翦匪相待。手脚鐐梏。較之衆囚徒尤苦。其實余並無二心。惟求速死而已。至此決舉發我之人董姓。素不認識。不過在長春臧冠三家見過數次。請訊董姓便知其實。臧冠三以外。並無一人與我有關涉。其人利心太重。實不配稱爲同志。所供是實。熊成基供。宣統元年十二月日。

就義時之壯烈　二十三日。淸吏復押解成基至吉林。出巡警局時。觀者如堵。成基笑語曰。諸君爲國珍重。我死猶生。長春學界及商工人等多有爲之嘆息者。其時同盟會員在吉撫陳昭常幕府供職者。有廖仲愷張我華等數人。均束手無策。及庚戌正月十八日。陳撫得淸廷旨。令就地加害。遂在監獄優待室內設饌饗熊。款以洋酒。有江蘇同鄉官某等相陪。熊談笑自若飲盡一盞。已而由獄吏帶往法廷。上座者有淸提法司傅僉事高等檢察廳廳長李廷路。而安徽派來之安慶府豫咸管帶官楊遇春亦列坐其側。成基是時直立廷中。淸法官仍用斬決舊法。加斬條于背。成基欲照相。照畢。索筆自題曰。熊成基被捕後之照像。旋大聲發。言宣佈其革命之宗旨。語極沈痛悲憤。聽者無不動容。臨刑時。劊子手使之跪。成基不屈。刀起而頭落矣。後有人縫其首。置之棺中。棺值錢八十吊。亡年二十有四。其告密賣友之臧冠三。同時亦被西路道捕獲。吉撫因熊潛居臧家二次。顯係同黨。罪狀昭著。情無可原。亦判禁錮十年。民國成立。臧極力運動。得以出獄。且在吉林得有公職云。

孫竹丹被害始末　孫銘一名元。字竹丹。安徽壽州人。十九歲偕薛哲肄業于江南陸軍學堂。即抱革命思想。癸卯歲赴日本。入振武學校習陸軍。同盟會成立。亦列名焉。嘗被舉爲安徽同盟分會會長。丙午秋偕孫毓筠返國。謀起義于江南。因毓筠被獲入獄。遂即逃歸東京。己酉春熊成基走日本。孫銘助以旅費。並同住東京牛込區市谷町澄吉館。時留東黨人因經費困乏。異常拮据。孫銘探悉日本參謀部有所謂軍事計劃祕密書。頗于遼瀋戰局有關。若取而售諸俄人。大可得重資以供黨用。遂多方弋獲。卒償所願。於是成基赴滿洲。孫銘赴北京。各向俄人分途交涉。議値百萬。將有成言矣。詎成基猝爲臧冠三所賣。死之。十二月二十八日清廷軍機處奉片。據吉林巡撫陳昭常電奏。熊成基現已拿獲。同黨孫元梁冰現踞京師。住西河沿元成店。著民政部步軍統領衙門順天府一體嚴拿。孫銘于拿捕之令發出前一時。得程家檉密告。遂偕梁冰逃至天津。得石德純之助。始獲避居日本。時同志中頗有以熊成基之死歸罪孫銘者。更有人疑之爲清政府偵探者。辛亥六月遂有方潛等數人設計誘孫銘至東京市外下棋。乘間用鐵啞鈴重擊其腦。雙目凸出而死。後乃割屍數斷。盛于箱中。拋棄海上。至民國元年。孫銘死事始漸爲世人所覺察。於是同志宋教仁劉揆一何天炯陳陶怡柏文蔚孫武柳棄疾張我華徐血兒王九齡熊越山李肇甫諸人遂發佈公啓。詳述孫銘被誣遇害始末。以白其寃云。

中華民國開國前革命史中編終

本書上編正誤表

頁數	行數	字數	誤	正
章序二	一	二	時。異	異。時
自序二	一	二	蕩。然	。蕩然
本書大意三	六	二	詳頗	頗詳
圖像目錄二	五	四	尊士尼堡	尊尼士堡
目錄二	三	二	乙未	丙申
目錄五	七	二	黃濱	黃軫
本文一	二	二	浜氏	洪氏
一六	三	二	乙已	乙巳
四四	四	一	，	。
六一	五	二	瘦氅	痩氅
八三	一二	二	展轉	輾轉
一〇四	九	二	經談	談論

本書上編正誤表

一〇五	四	二	一且	一旦
一三三	二	二	滿州	滿洲
一四四	四	二	大學	大舉
一四六	一四	四	革命軍命	革命
一五一	一〇	二	已終	己終
一七九	一	二	招持	招待
一八三	六	二	摩擦	磨擦
一八四	一一	二	乙已	乙巳
一九二	八	二	丙午	丁未
二〇四	一	二	戊申	己酉
二〇五	六	二	乙己	乙巳
二一一	七	二	乙己	乙巳
二一八	一二	四	標統定	標統定之
二二九	二	三	目期	日期

二三〇	六	二	坐弊	坐斃
二三二	七	二	政帝	政府
二四三	五	二	不亡	不忘
二五八	一〇	二	繫退	擊退
二六一	五	三	柳際負	柳際貞
二六八	八	二	何甚	何堪
二七六	一三	二	未乾	末乾
二九五	二	二	從新	重新
二九八	四	二	乙己	乙巳
三〇〇	一二	二	君歐	歐君
三〇三	三	二	惠洲	惠州
三〇七	一二	三	唐才	唐才常
三一四	三	二	纔口	讒口
三一七	七	二	中乾	中乾

三一八	一	三	胆力鳴	胆力鳴
下編目錄二	一〇	二	戊申	丁未
下編目錄三	八	二	恩銘	孚琦

中華民國十九年十一月十五日初版
（中華民國開國前革命史中編一册）
定價大洋一元五角
外埠郵費酌加

著作者　馮自由
發行所　革命史編輯社
上海極司非而路甲五十一號
印刷者　良友圖書印刷公司
上海北四川路
分售處　本埠及外埠
民智書局　中華書局
商務印書館　新月書店

图书在版编目(CIP)数据
中华民国开国前革命史(1-2卷)/冯自由著. ——上海:上海三联书店,2014.3
(民国沪上初版书·复制版)
ISBN 978-7-5426-4644-6
Ⅰ.①中… Ⅱ.①冯… Ⅲ.①革命史—史料—中国—清后期 Ⅳ.①K252.01
中国版本图书馆 CIP 数据核字(2014)第 036207 号

中华民国开国前革命史(1-2卷)
著　　者/冯自由
责任编辑/陈启甸 王倩怡
封面设计/清风
策　　划/赵炬
执　　行/取映文化
加工整理/嘎拉 江岩 牵牛 莉娜
监　　制/吴昊
责任校对/笑然
出版发行/上海三联书店
(201199)中国上海市闵行区都市路 4855 号 2 座 10 楼
网　　址/http://www.sjpc1932.com
邮购电话/021-24175971
印刷装订/常熟市人民印刷厂

版　　次/2014 年 3 月第 1 版
印　　次/2014 年 3 月第 1 次印刷
开　　本/650×900　1/16
字　　数/480 千字
印　　张/42
书　　号/ISBN 978-7-5426-4644-6/K·264
定　　价/210.00 元(1-2 卷)